事例から見る　社会的養護の

子どもを守る法律相談Q&A

著　佐野みゆき（弁護士）

協力：全国児童養護施設協議会

全国社会福祉協議会

はじめに

２０２２年６月、児童福祉法が改正されるとともに、こども家庭庁設置法等が成立しました。子どもを社会のまんなかにすえ、総合的・包括的に子どもの健やかな育ちを支えていくことがあらためて確認され、そのための法的・行政的整備が行われました。これらが同時期に成立したことは、非常に象徴的な出来事といえましょう。

新型コロナウイルス感染症の流行により、わが国では少子化が、想定以上に進みました。しかし、その一方で児童虐待の件数は増加しています。

そのような中、社会的養護関係者にはあらためて、子どもたちの権利が擁護され、自立した生活が可能となるよう、常に支援の質や仕組みを向上させていくことが求められています。

本書は、全国社会福祉協議会・全国児童養護施設協議会が発行する『季刊児童養護』において、故平湯真人弁護士が２００８年より連載を続けてこられ、これを筆者が引き継いだ「法律相談Ｑ＆Ａ」をもとにしています。この「法律相談Ｑ＆Ａ」は、児童養護施設の現場で生じた事案をベースにした設問に回答するため、現場で直面している問題に、間接的ながらも対峙する気持ちで執筆してきました。本書はこのうち、現場でよく見られる事例を選定し、読者の理解が一層進むよう最近の動向を踏まえながら内容を大幅にリニューアルしています。さらに、社会的養護にかかわる基本的な事項の解説や、乳児院・里親の現場において今まさに生じている課題などを追加しました。

本書の作成にあたり、全国児童養護施設協議会からは、掲載の許諾をいただくとともに、貴重なアドバイスを数多くいただきました。全国乳児福祉協議会、全国里親会からは、内容の充実を図るべく新たな設問をアドバイスとともにお寄せいただきました。心より御礼申し上げます。

本書を通じて、社会的養護にかかわる施設や里親、児童相談所をはじめとする行政、子どもが通う学校関係者などが、子どもの支援にあたってさまざまな法的課題に直面する時、一層支援の質を高め、子どもたちが安心して健やかに過ごすことができれば、この上なく嬉しく思います。

最後に、常に社会的養護下にある子どもたちの人権の問題に心を尽くしてこられ、本書のベースとなった「法律相談Ｑ＆Ａ」執筆という貴重な機会を与えてくださった、故平湯真人弁護士（２０２１年12月9日ご逝去）に、あらためて感謝の意を表します。

佐野　みゆき

事例から見る　社会的養護の子どもを守る法律相談 Q&A

第1章　社会的養護の基礎知識・用語—9

第2章　事例で見る　子どもにまつわる法律相談——43

3節　子どもと財産にまつわる問題

第4章　法律で子どもを守るための支援・制度―211

＊本書において、「施設等」は乳児院・児童養護施設・ファミリーホーム・里親家庭、「施設長等」は乳児院・児童養護施設の長・ファミリーホーム長・里親を指す。

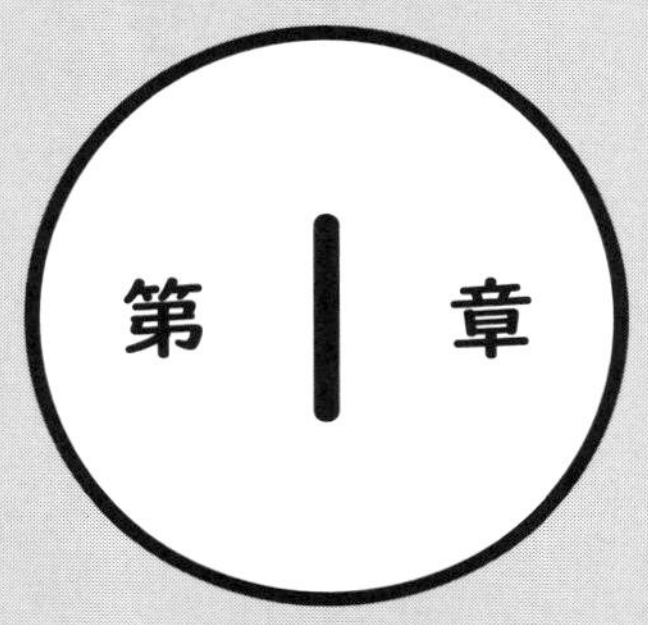

社会的養護の基礎知識・用語

社会的養護の現場で、知っておきたい基礎的な用語、仕組みや組織……意外とその意味や理解があいまいなことがあるかもしれません。

具体的な事例を見る前に、社会的養護にかかわる基本的な事項を確認しておきましょう。

Question 01

「子どもの権利」にはどんな特徴があるのでしょうか？そして、「社会的養護」の役割とは？

子どもには子ども独自の権利保障が必要

日本国憲法は、全ての国民に対し、幸福追求権（13条）、生存権（25条）や学習権（26条）といった基本的人権を認めています。当然、子どもも、これらの基本的人権を保障されます。

もっとも、人間の子どもは、大人の保護を受けなければ生きてはいけない、か弱い存在として生まれます。だからこそ、今の大人を乗り越えるほどの存在に成長する可能性を秘めているともいえます。そうした存在である子どもに基本的人権が実質的に保障されるためには、大人とは異なる子ども固有の権利に対する、独自の保障が必要です。それらが、子どもの権利条約に列挙されている個々の権利です。そのエッセンスは、児童福祉法1条、同2条1項にも、次のように示されています。

> **児童福祉法**
> **1条**
> 全て児童は、児童の権利に関する条約の精神にのっとり、適切に養育されること、その生活を保障されること、愛され、保護されること、その心身の健やかな成長及び発達並びにその自立が図られることその他の福祉を等しく保障され

る権利を有する。

2条

①全て国民は、児童が良好な環境において生まれ、かつ、社会のあらゆる分野において、児童の年齢及び発達の程度に応じて、その意見が尊重され、その最善の利益が優先して考慮され、心身ともに健やかに育成されるよう努めなければならない。

例えば、生存権保障として、直接子どもに経済的な給付がされたとしても、子どもは、少なくとも幼少期はすぐには自分でそれを利用することができません。どう使うのがその子どもの最善の利益にかなうのか、その子どもに最も愛情・関心をもつ大人（通常は親）が配慮する必要があります。

そもそも、その子どもが生まれた家庭が、子どもの経済的ニーズを十分に満たすことができていれば、子どもの生存権保障のために、国から給付を受けることも不要となるでしょう。

また、学習権保障に関しても同様です。子どもは安心できる大人との関係をよりどころにして周囲への探索活動を行い、それを通じてさまざまな知識を吸収していきます。学習権とは、言い換えれば成長発達権ともいえます［＊1］。その保障のためには、自分に愛情・関心を寄せる大人との安心できる安定した関係や、そうした関係を可能にするその大人の経済的・精神的な余裕の維持が、極めて重要になるのです。

このように、子どもが、憲法上保障されている基本的人権を実際に保障されるには、前提として、ある子どもに愛情・関心を寄せる大人が、その子どもの年齢や発達状況にみあったニーズを把握し、対応する役割を果たす必要があります。

そのニーズ（子どもの権利条約3条：子どもの最善の利益）を大人が適切に把握するためには、子どもが独自の人格を有している以上、子ども自身が感じている意向や感覚を聴取すること（同12

条2項：子どもの聴聞される権利）は、必要不可欠です［＊2］。

同時に、子どもの聴聞される権利が十分に尽くされていることは、ともすれば子どもが大人の管理・保護の客体とされ、権利の主体性を奪われがちであるということに照らせば、大人の判断の恣意性・独断性を排除するためにも非常に重要なことです。

事柄によっては、子どもが表明した意向がそのまま尊重されるべき場合もあるでしょうし（例：子どもの関心に沿った進路など）、それを認めることが子どもの成長発達を損なうような場合は、その意向に沿えないこともあるでしょう（例：アレルゲン食材を食べたいという希望など）。意向に沿うことができないのであれば、大人は子どもに対してその理由をきちんと説明する必要があります。子どもに対するそのような対応を大人に求める権利、それこそが子どもの権利の特殊な部分です。

子どもの権利条約を批准している国として、子どもをとりまく大人が、子どもに対するそのような役割を果たせるような環境を整えていくこと、子どもの周囲にいる大人が子どもにそのような役割を提供できない状況にあるなら、代替となる環境を子どもに提供すること、それが国の責務の中核となるのです。

国の責務と社会的養護の意義

社会的養護を提供される子どもたちは、家庭において、成長発達権やその前提となる適切な養育や生活保障が提供されない状況に置かれています。本来、その子どもたちに保障されるべき特別な保護・援助を受ける権利（子どもの権利条約20条）に対応して、国として代替的養護を子どもに提供する、というのが社会的養護の位置づけといえます。

子どもに提供される社会的養護は、前記の子どもの権利を保障するためのものですから、当然のことながら適切な養育や生活の保障、それを前提とした子どもの成長発達権というニーズを満たすものであることが期待されています。

提供される社会的養護の変容——家庭養護推進の流れ

近時、社会的養護では、子どもたちに対し、より家庭的な環境を提供することが求められるようになっています。

子どもの権利条約20条は、家庭環境を奪われた子どもが、国による代替的養護を受ける権利を有することを規定しており（同条2項）、その代替的養護には「里親託置、イスラム法のカファラ、養子縁組、または必要な場合には子どもの養護に適した施設での措置を含むことができる」（同条3項）と規定しています[＊2]。施設養護に関し「必要な場合には」という条件が付されていることからも、同項が、子どもに対する家庭的な環境の保障を、施設養護に優先させようとしていることがわかります。

国際的には、国連総会が2009年に「国連児童の代替的養護に関する指針」[＊3]を採択し、代替的養護のあり方につき「家庭基盤の重視」と「脱施設化」の方向性を提示しました。ここでは特に3歳未満の乳幼児の代替的養護については家庭を基盤とした環境提供が原則とされています。

我が国では、2011年に「社会的養護の課題と将来像」が提示され、2016年児童福祉法改正では、子どもが権利の主体であること、実親による養育が困難であれば、里親や特別養子縁組などで養育されるよう、家庭養育優先の理念等が規定されました（児童福祉法3条の2）。この改正法の理念を具体化するため、厚生労働省は2017年に「新しい社会的養育ビジョン」[＊4]（以下、養育ビジョン）をとりまとめました。養育ビジョンでは、家庭または家庭的環境での養育を実現するために、親子分離をせずに支援の必要な家庭への在宅支援を行うこと、乳幼児の家庭養育原則の徹底、施設養護の役割を専門的かつ限定的なものとすることなどについて、年限を明確にした取組目標が提示されています

このように、子どもに対する社会的養護の提供方針については、その時代に応じて変化しています。しかし、提供の方針にかかわらず、子どもの権利に対応した適切な養育、生活保障、愛情及び保護の提供、そして成長発達権の保障の役割を、社会的養護が担っていることは変わりません。

［＊1］最高裁判決昭和51年5月21日参照

［＊2］子どもの権利条約は全て国際教育法研究会訳

［＊3］国連総会採択決議64／142「児童の代替的養護に関する指針」

［＊4］新たな社会的養育の在り方に関する検討会「新しい社会的養育ビジョン」2017年8月2日

Question 02

社会的養護を担う諸機関や児童福祉施設等の役割などを押さえておきたいです

社会的養護を担う機関

(1) 児童相談所

都道府県等に設置される児童の福祉に関する機関です。2004年児童福祉法改正において中核市、2016年改正において特別区にも設置することができるようになりました。

児童相談所は、相談を受けた児童、通告を受けた児童等に対する調査・判定・指導を行います(児童福祉法11条1項2号ハ・ニ、12条3項)。市区町村も同様に調査・指導を行いますが(児童福祉法10条1項3号等)、一時保護、立入調査、施設入所措置など強制的権限は、児童相談所のみが行うことができます。

なお、2016年改正において、里親支援の充実化(児童福祉法11条1項2号ト)や養子縁組に関する相談支援の追加(児童福祉法11条1項2号チ)が図られています。

一時保護所

一時保護所とは、児童福祉法12条の4に基づき、児童相談所に付設される子どものための一時保護施設です。ただし、最近では必ずしも物理的に児童相談所に付設されているわけではありません。また、就学など保護児童の必要に応じて児童養護施設や里親宅等への一時保護委託なども行われています(児童福祉法33条1項)。

一時保護をする際には、外出・通学・外部との通信・面会の禁止など子どもへの行動制限を最小限にすること、仮に安全確保の観点からそうした制限が必要不可欠である場合であっても、子どもや保護者にできるだけ説明をすることが必要とされています［＊１］。

（２）市区町村

市区町村は、２００４年の児童福祉法改正により児童福祉の実施主体機関として位置づけられました。児童虐待件数の増加に伴い、その役割は第一次的なものとなっていき、２０１６年の同法改正では児童福祉の「基礎的な地方公共団体」と位置づけられました（児童福祉法３条の３）。

（１）で述べた通り、児童虐待の通告を受付け、調査・指導を行います。

（３）要保護児童対策地域協議会

要保護児童対策地域協議会とは、虐待を受けている子どもをはじめとする要保護児童の早期発見や適切な保護を図るために、地域の関係機関がその子ども等に関する情報や考え方を共有し、適切な連携のもとで対応していくための枠組みです。市町村への設置が努力義務とされており、現在ほぼ全ての市町村に設置されています。

具体的には、**図１**のような諸機関が、個人情報の外部提供についてそれぞれ制限がある中で、ある子どもに関して適法に情報交換・連携・協力することを可能にしつつ（児童福祉法25条の２）、その構成機関に守秘義務を課すことで個人情報が協議会外に漏れることを防止しています（児童福祉法25条の５）。加えて、子どもの保護のために、協議会外の機関が協議会に適法に情報提供を行うことを可能とする仕組みも備えています（児童福祉法25条の３）。

（４）児童家庭支援センター

児童家庭支援センターは、専門的援助が必要な

図1　要保護児童対策地域協議会の関係機関例

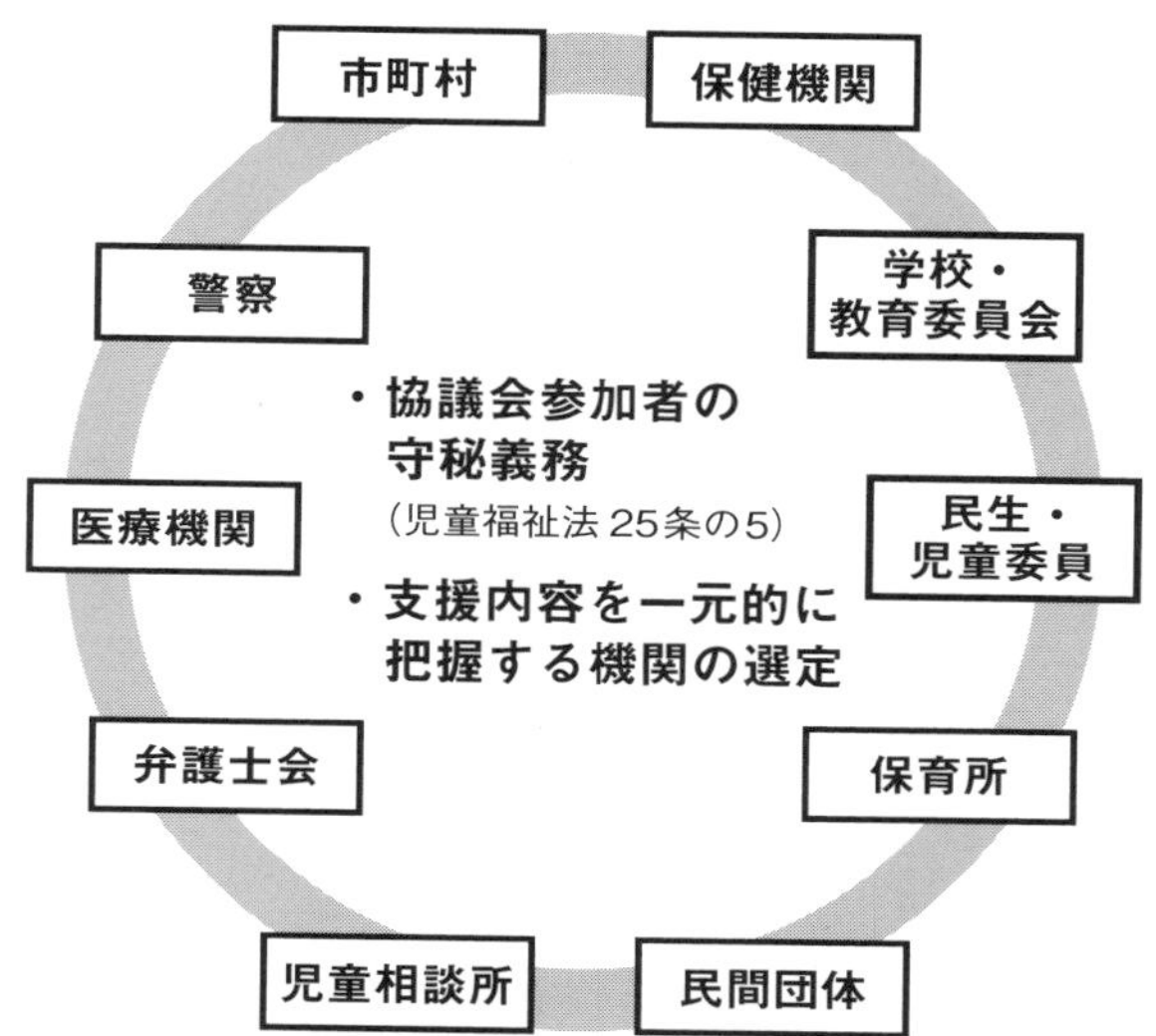

【出典】厚生労働省雇用均等・児童家庭局総務課虐待防止対策室「『要保護児童対策地域協議会（子どもを守る地域ネットワーク）スタートアップマニュアル』の公表について」2007年5月18日

地域の子どもに、早期に**表1**のような支援を提供する目的で設置されていて（児童福祉法44条の2）、児童養護施設や乳児院などに付置されています。

表1　児童家庭支援センターにおける主な支援内容

①地域・家庭からの相談受付・助言
②市町村に対する技術的助言
③都道府県（指定都市及び児童相談所設置市を含む）または児童相談所からの受託による指導
④里親等への支援
⑤関係機関等との連携・連絡調整など

（5）里親支援機関

児童福祉法では、里親のリクルートやアセスメント、里親への研修、子どもと里親のマッチング、里親への養育支援とともに、養子縁組に関する相談や援助等一連の支援は都道府県（児童相談所）の業務として定めています。

２０１８年には質の高い里親養育を実現するため、都道府県（児童相談所）が行うべきフォスタリング業務の実施方法及び留意点と、これらの業務を民間機関に委託する際の留意点等を示した「フォスタリング機関（里親養育包括支援機関）及びその業務に関するガイドライン」［＊２］が示され、２０１９年４月から里親養育包括支援（フォスタリング）事業が、里親会、児童家庭支援センター、児童養護施設、乳児院、ＮＰＯ法人等を委託先として実施されています。主な事業の内容は里親の新規開拓、普及啓発、里親研修、里親新規・更新登録手続、マッチング支援、自立支援計画作成、里親への指導・支援、里親・実親の交流支援となっています。

なお、２０２２年に成立した改正児童福祉法では、里親の普及啓発、里親への相談援助、里親の選定・調整等里親支援事業や、里親や委託児童等に対する相談支援等を行う「里親支援センター」を設置し、これを児童福祉施設として位置づけることになりました（２０２４年４月施行）。

家庭養護と施設養護

（１）家庭養護

家庭養護とは、里親、ファミリーホームのことを指します。特定の養育者が、地域にあるその家庭で継続して養育を行います。

①里親

里親は、児童福祉法６条の４に定められ、その種類は、養育里親、養子縁組里親、親族里親とされています。児童福祉法には専門里親の規定はありませんが、児童福祉法施行規則で養育里親の形態として規定されています（児童福祉法施行規則１条の36）。

養育里親は、保護が必要な児童（以下、要保護児童）を養育することを希望し、都道府県知事、指定都市、及び児童相談所設置市の長（以下、都道府県知事等）により一定の要件を満たす者として受託者に認定され、養育里親名簿に登録された者（児童福祉法6条の4第1号）とされています。

専門里親は、養育里親のうち、①児童虐待等の行為により心身に有害な影響を受けた子ども、②非行がある、または非行に結びつくおそれのある行動をする子ども、③身体障害、知的障害もしくは精神障害がある子どものうち、都道府県知事がその養育に特に支援が必要と認めた子どもを養育する者として養育里親名簿に登録された者（児童福祉法施行規則1条の36）とされています。

養子縁組里親は、要保護児童を養育して養子縁組をすることを希望し、かつ一定の研修を修了した者のうち、養子縁組里親名簿に登録された者（児童福祉法6条の4第2号）とされています。

親族里親は、要保護児童の父母以外の扶養義務者及びその配偶者である親族がなります。要保護児童を現に監護する者（両親など）が死亡・行方不明・拘禁・疾病による入院等の状態となったことにより養育が期待できない場合に、その要保護児童の養育を希望する者のうち、都道府県知事等が児童を委託する者として適当と認める者（児童福祉法6条の4第3号、児童福祉法施行規則1条の39）とされています。

②ファミリーホーム

ファミリーホームは、要保護児童の養育に関して相当の経験を有する者の住まいで、子どもの養育を行うもので、児童福祉法6条の3第8項で「小規模住居型児童養育事業」として定められています。

「里親及びファミリーホーム養育指針」によれば、ファミリーホームは、「里親家庭が大きくなったものであり、施設が小さくなったものではない」「したがって養育者は生活基盤をファミリーホームにもち、子どもたちと起居を共にすることが必要である」とされています。➡巻末参照②9頁 つまり、施設はそこに生活基盤をもたない職員が交替で業務に従事しますが、ファミリーホームは、そこに生活基盤をもつ夫婦による養育をすることが基本とされています。1人以上の養育補助者が第三者として関与することになっているので、里親委託の密室化の弊害を回避できるというメリットもあります。

(2) 施設養護

社会的養護における家庭養護と個別化の流れの中で、施設養護においても、小規模グループケアという小規模ケア体制の整備が推進されています。

小規模グループケアとは、後記の①児童養護施設、②乳児院、③児童自立支援施設、④児童心理治療施設(この設問では以下まとめて「児童養護施設等」)において、小規模なグループによるケアが必要な子どもを対象に行うものです。原則、その定員は、児童養護施設では6人(分園型小規模グループケアについては4人以上6人以下)、乳児院では4人以上6人以下、児童自立支援施設及び児童心理治療施設では5人以上6人以下とされています[*3]。

①児童養護施設

児童養護施設は、原則乳児を除く(特に必要のある場合は受入可能)満1歳以上18歳未満の子どもで、虐待されているなど環境上養護を要する子どもを入所させ、相談や自立支援を提供する施設です(児童福祉法41条)。

また、児童養護施設のうち地域小規模児童養護施設は、児童養護施設における本体施設の分園(グループホーム)として、都道府県知事等の指定を受けたものをいいます。地域社会の民間住宅等を活用して、近隣住民との適切な関係を保ちつつ、家庭的な環境の中で養護を実施することにより、子どもの社会的自立の促進に寄与することを目的としています[*4]。

家庭養護推進の流れを踏まえ、児童養護施設は小規模・地域分散化の推進、里親養育支援、地域の要支援家庭等支援の機能を充実することなどが求められています。

②乳児院

乳児院は、原則的に乳児（特に必要がある場合には幼児も含む）を入院させて養育する施設です（児童福祉法37条）。

児童福祉法では、乳児は満1歳に満たない者とされています（4条1項1号）。

児童相談所の一時保護所は乳児への対応ができない場合が多いことから、乳児については乳児院が一時保護委託先としての機能も担っています。

③児童自立支援施設

児童自立支援施設は、不良行為をした、またはするおそれのある子どもや、家庭環境その他の環境上の理由により生活指導等を要する子どもを、入所させたり保護者のもとから通わせたりして、それぞれの状況に応じて必要な指導をしたり自立支援をしたりするための施設です。退所後の子どもについても、相談などの援助を行います（児童福祉法44条）。開放処遇が前提とされています。

設置は都道府県の義務とされていますが（児童福祉法35条2項・児童福祉法施行令36条）、特に専門的な指導を要する子どもを入所させて自立支援を行う施設として、国の設置する国立児童自立支援施設（国立武蔵野学院・国立きぬ川学院）があります（厚生労働省組織令145条1項）。

④児童心理治療施設

児童心理治療施設は、家庭環境、学校における交友関係などの環境上の理由により、社会生活への適応が困難となった子どもを、短期間入所させたり保護者のもとから通わせたりする施設です。主として、社会生活に適応するために必要な心理に関する治療や生活指導を行います。退所した子どもについても相談その他の援助を行います（児童福祉法43条の2）。

児童心理治療施設は全国に53か所設置されています[＊5]。

⑤自立援助ホーム

児童自立生活援助事業を担う施設です（児童福祉法6条の3第1項）。児童自立生活援助事業とは、子どもが義務教育を終了した後、児童養護施設等を退所して就職する場合に、自立援助ホームに入居して共同生活をし、自立生活に向けた相談や日常生活上の援助、生活指導、就業の支援などを受けるものです。この事業では、児童自立援助実施を解除され自立援助ホームを離れた者への相談やその他の援助も行うものとされています。

自立援助ホームは、もともと義務教育終了後の就職等により児童養護施設等を退所した子どもに対し支援をする民間団体による活動でした。1988年の通知により「自立相談援助事業」として予算化され、1997年の法改正により、現在の「児童自立生活援助事業」として法的に位置づけられました。

［＊1］厚生労働省子ども家庭局長「一時保護ガイドライン」2022年12月16日付／子発1216第6号、8頁

［＊2］厚生労働省子ども家庭局長「フォスタリング機関（里親養育包括支援機関）及びその業務に関するガイドラインについて」（別添）2018年7月6日付／子発0706第2号

［＊3］厚生労働省雇用均等・児童家庭局長「児童養護施設等のケア形態の小規模化の推進について」（別紙）児童養護施設等における小規模グループケア実施要綱　2022年2月18日付／子発0218第9号

［＊4］厚生省児童家庭局長「地域小規模児童養護施設の設置運営について」（別紙）2022年2月18日付／子発0218第7号

［＊5］全国児童心理治療施設協議会ホームページより2020年現在

Column

子どもシェルターとは

子どもシェルターとは、虐待を受けるなどして居場所がない子ども等（18歳を超えても保護の対象としているところもある）を緊急に受け入れて、一時的な避難先を提供し、その子ども等の相談に応じたり、今後の生活を一緒に考えたりする事業をいいます。滞在期間は2か月程度としているところが多いようです。一部のシェルターでは、入居したそれぞれの子ども等に担当弁護士をつけ、必要な法的支援を提供しています。

子ども等は、児童相談所の一時保護委託として入所したり、子ども等本人の意思に基づく申出により入所したりしています。

シェルター事業を行っている団体により子どもシェルター全国ネットワーク会議が作られており、その参加団体（正会員）は、約20団体、運営主体は社会福祉法人やNPO法人が多いようです。

なお、厚生労働省からの児童自立生活援助事業の実施に関する通知［＊1］により、子どもシェルターとして児童等が共同生活を営むべき住居において、相談その他の日常生活上の援助等を行う事業が児童自立生活援助事業実施要綱に定める要件を満たす場合は、その住居を自立援助ホームとし、援助の実施を委託することができるものとされています。

［＊1］厚生労働省雇用均等・児童家庭局長通知「『児童自立生活援助事業の実施について』の一部改正について」2011年7月19日付／雇児発0719第1号

Question 03

虐待を受けた子ども施設・里親等での生活に至るまでの経緯を知っておきたいです

児童福祉法・児童虐待防止法による子どもの施設・里親宅措置

子どもたちの施設等入所時の理由としては、親の精神疾患、破産等の経済的理由もあるものの、放任、養育拒否などを含む虐待が最も多くなっています［*1］。「児童虐待」については、児童虐待の防止等に関する法律（以下、児童虐待防止法）で規定されています。児童虐待防止法では、保護者がその監護する児童に対する虐待として、4つの類型（身体的虐待・性的虐待・ネグレクト・心理的虐待）が掲げられています。

虐待を受けた子どもたちがどのような過程を経て施設等に入所することになるのか、確認しておきましょう（図1）。

（1）発見・通告

「児童虐待を受けたと思われる児童を発見した者」は児童相談所等への通告義務を負っています。その通告を受けた市区町村や児童相談所は、緊急受理会議を開催し、速やかに通告のあった子どもの安全確認と調査を行います（児童福祉法25条・児童虐待防止法5～8条）。

（2）一時保護

一時保護は、児童相談所長が必要があると認め

図Ｉ　被虐待児救出の流れ（児童相談所が主となってかかわる場合）

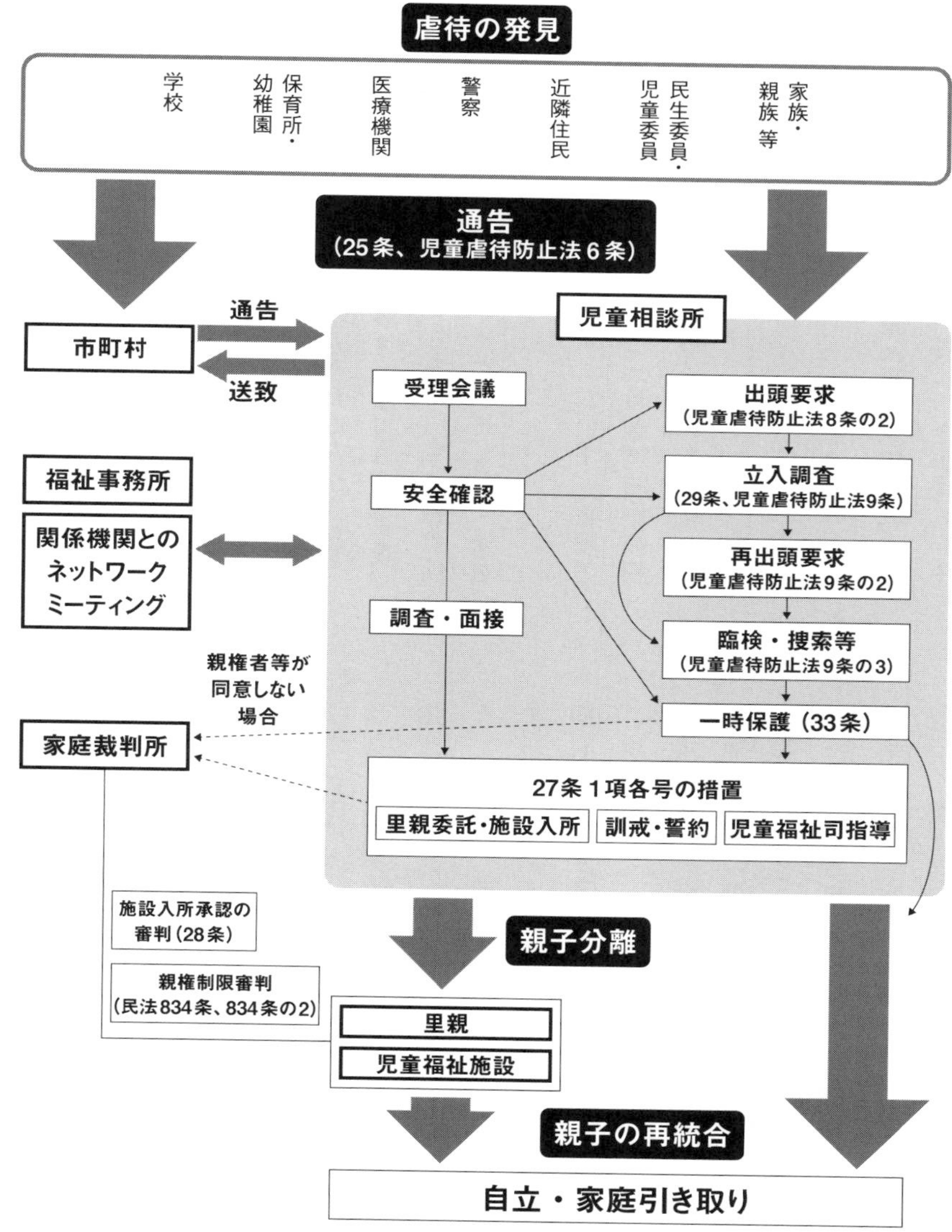

※条文番号のみ示したものは全て児童福祉法
※この流れ図は典型的な例を示したものであり、これに限られるものではない。
【出典】日本弁護士連合会子どもの権利委員会 編『子どもの虐待防止・法的実務マニュアル 第７版』明石書店、2021 年、33 頁より一部改変

る時に、児童の安全を迅速に確保し適切な保護を図るため、または児童の心身の状況や置かれている環境等を把握するために行われます。期間は2か月を超えてはなりませんが、必要があれば延長できるとされています（児童福祉法33条3・4項）。

もっとも、親権者や未成年後見人（以下、親権者等）等の意に反して、2か月を超えて引き続き一時保護を行う時や再度延長する時はその都度、児童相談所長または都道府県知事は、家庭裁判所の承認を得なければならないとされました（児童福祉法33条5項）。→Q6

２０２２年の児童福祉法改正において、親権者等の同意がある場合等を除き、一時保護開始の判断も裁判所の審査の対象となることになりました［公布日（２０２２年6月15日）から3年以内の施行を予定］。

（3）援助方針の決定、施設入所等承認審判申立

児童相談所等は家庭の状況等につき調査し、そ

のアセスメントをした上で、必要に応じ施設入所等の方針を決定します。親権者等がその方針に同意すればよいのですが、親権者等が児童福祉施設入所等を拒否する場合は、児童相談所は児童福祉施設入所等の措置をとるために家庭裁判所の承認を得る必要があります（児童福祉法28条1項）。これがいわゆる「28条措置」といわれるものです。

この施設入所等承認審判の効力は、その措置開始日から2年を超えてはならないとされています。しかし、施設入所等を継続しなければ虐待等のおそれがある場合は、家庭裁判所の承認を得て期間を更新することができます（児童福祉法28条2項）。

この施設入所等承認審判の範囲については、児童福祉施設の種類を特定して家庭裁判所の承認が必要である、というのが裁判実務の立場です［*2］。そのため、当初施設入所で承認審判を得ていた子どもにつき、2年の間に里親に委託することになったが、親権者等が依然反対している時には、

あらためて里親委託につき家庭裁判所の承認が必要になります。

ただ、「児童養護施設入所、または里親委託措置することを承認する、との審判を求める」というように、(これらの中から)措置先を選択してよいといった選択的な内容の申立は認められています。そのため、2年以内に現実的に里親委託の可能性が見込まれる場合などは、その具体的事情を盛り込み、後に選択ができるような決定を求める申立をしておくことが必要です。

(4) 28条措置更新への対応

このように、親権者等の意に反するために家庭裁判所の施設入所等承認を得て入所あるいは委託された子どもの場合、親権者等の意向が変わらなければ2年ごとに家庭裁判所に措置の更新手続を行わなければなりません。

この手続に必要な資料として、施設や里親宅における子どもの生活状況の報告書を求められることがあります。また、家庭裁判所から施設・里親宅などに家庭裁判所調査官が訪問し、子どもの様子などを観察したりすることもあります。

[＊1] 厚生労働省子ども家庭局/厚生労働省社会・援護局障害保健福祉部「児童養護施設入所児童等調査の概要(令和2年1月)」2018年2月1日現在の情報

[＊2] 東京高裁決定平成15年12月26日

「親権」の具体的な内容とはどんなことなのでしょうか？それを制限する手続とは？

「親権」とは、親の未成年の子に対する養育監護に関する義務・責任です。

具体的な内容として民法上規定されているものは、身上監護権（監護教育権、居所指定権、職業許可権）及び財産管理権（子どもの代理として契約を締結する権限などを含む）があります。

２０１１年の民法等一部改正において、民法８２０条は「親権を行う者は、子の利益のために子の監護及び教育をする権利を有し、義務を負う」と改正され、親権は「子の利益のために」行使されるべきものであることが明確にされました。そのため、子どもの利益に合致しない場合には、親権は制限され得るものです。

児童福祉法47条3～5項は、施設長や里親は入所または受託中の子どもにつき、親権者等がいる場合であっても、監護・教育に関し、その子どもの福祉のために必要な措置をとることができると定めています。これは親権のうち、監護教育権が一部制限されている場面といえるでしょう。➡Q14

なお、２０２２年12月10日、嫡出推定制度の見直し等を内容とする改正民法が可決・成立し、同月16日に公布されています。その中では、民法８２１条に、「親権を行う者は、前条の規定による監護及び教育をするに当たっては、子の人格を尊重するとともに、その年齢及び発達の程度に配慮しなければならず、かつ、体罰その他の子の心身の健全な発達に有害な影響を及ぼす言動をしてはならない」と規定するとともに、親権の一内容とされていた「懲戒権」（民法822条）が削除されており、公布とともに施行されています。

親権が具体的に誰に帰属するかは次の項を確認してください。➡Q5

親権制限の種類

前記の通り、親権は子どもの利益のために行使されるべきものであるため、子どもの利益を害するような場合には、その親権は制限されることになります。親権制限は民法上、親権喪失・親権停止・管理権喪失の3種類が規定されています。

(1) 親権喪失の要件

家庭裁判所は、「父又は母による虐待又は悪意の遺棄があるときその他父又は母による親権の行使が著しく困難又は不適当であることにより子の利益を著しく害する」と認められる時に、親権喪失の審判をすることができます。

もっとも、「二年以内にその原因が消滅する見込みがあるときは、この限りでない」（民法834条）とされています。この場合は次の親権停止がとられるべきだからです。

2021年では104件の親権喪失審判がなされています［＊1］。比較的最近認められた例としては、親権者に子どもの養育・監護実績はほとんどなく、アルコール依存、暴力傾向が強いことなどを指摘し、その状況は2年程度では改善を望めないとされたものがあります［＊2］。

(2) 親権停止の要件

親権停止は、「父又は母による親権の行使が困難又は不適当であることにより子の利益を害するとき」（民法834条の2）に認められます。その場合、家庭裁判所は、「その原因が消滅するまでに要すると見込まれる期間、子の心身の状態及び生活の状況その他一切の事情を考慮して、二年を超えない範囲内で、親権を停止する期間を定める」（民法834条の2第2項）ものとされています。

2021年には255件の親権停止審判がなされています［＊1］。重篤な心臓疾患を抱えて直ちに治療及び手術を受ける必要がある子どもの親権者らが、緊急事態に迅速かつ適切に対応できるかどうか疑問があるとして、親権停止審判を前提に仮に親権者らの職務の執行を停止した例［＊3］や、軽度の知的障害のある子どもが特別支援学校に進学するにあたり、療育手帳の取得等を行わなければならないにもかかわらず親権者がこれに応じないという事案で、親権停止を前提とした親権者の職務の執行を停止し、その停止期間中の職務代行者を選任した例［＊4］などがあります。

（3）管理権喪失の要件

親権者等の財産管理権のみを制限すればよい場合の方策として、管理権喪失の審判があります。その要件は「父又は母による管理権の行使が困難又は不適当であることにより子の利益を害するとき」（民法835条）とされています。親権者等が正当な理由なく、未成年者のする契約に同意しないなど、未成年者の財産管理を危うくする事情がある場合などが想定されます。

2021年には4件の管理権喪失審判がなされています［＊1］。子どもが児童養護施設から退所した後、親権者から自立して生活するためアパートを借りようとした際、親権者が特段の合理的理由もないのにアパートの賃貸借契約に同意しないような場合や、施設入所中の子どもが携帯電話の利用契約を締結しようとする時に親権者の同意が得られないというような場合も、この管理権喪失の対象となり得るといわれています［＊5］。

親権制限の手続

親権喪失等の請求権者は、子ども本人、子どもの親族、未成年後見人、未成年後見監督人、検察官、児童相談所長とされています（民法834条、834条の2、835条、児童福祉法33条の7）。

親権制限の際には、戸籍に記載されることや、未成年後見人を選任する必要があるかどうかなどに留意する必要があります。

［＊1］司法統計
［＊2］大阪高裁決定令和元年5月27日
［＊3］東京家裁審判平成28年6月29日
［＊4］千葉家裁館山支部審判平成28年3月17日
［＊5］飛澤知行編著『一問一答　平成23年民法等改正　児童虐待防止に向けた親権制度の見直し』商事法務、60～61頁

Question 05

「保護者」「親権者」「親」「未成年後見人」言葉の違いを教えてください

民法・児童福祉法上の「子ども」の定義

まず社会的養護にかかわる法律での「子ども」「児童」とは、いくつまでを指すのか、確認しておきましょう。

児童福祉法（４条）と児童虐待防止法（２条）では「児童」を「満18歳に満たない者」と定義しています。２０２２年４月１日施行の改正民法で、成人年齢は18歳となったので、児童福祉法等の「児童」の定義は民法上の未成年者と一致することになりました。

子どもが成人年齢に達すると、親権者も未成年後見人も自動的にその役割を終えることになります。

子どもの養育に関与する人に関する用語

「保護者」「親権者」「親」及び「未成年後見人」などの概念の区別は複雑に入り組んでいます。

例えば、一時保護に対する不服申立権は「保護者」にあると解されているため、行政不服審査法82条による不服申立方法の教示は「保護者」に対して行うことが必要となります。

他方、児童福祉施設入所等措置は「親権を行う者又は未成年後見人の意に反し」ないことが要件とされているため（児童福祉法27条４項）、「親権者」または「未成年後見人」の意向を確認する必要があります。

施設等の立場からすると、例えば、入所児童の実母の配偶者（実父ではない）が子どもを戻せと要求してきた場合、あるいは、離婚後非親権者となった母が入所児童に関する情報を求めてきた場合などは、実務上問題となり得るところでしょう。

以上の点を踏まえ、「保護者」「親権者」「親」「未成年後見人」の言葉の法的な意味について、あらためて確認していきましょう。

「保護者」とは？

まず、児童福祉法・児童虐待防止法上の「保護者」を見ていきましょう。児童福祉法６条・児童虐待防止法２条で「保護者」は「親権を行う者、未成年後見人その他の者で、児童を現に監護する者をいう」と規定されています。つまり、実際に子の面倒をみていた親権者、未成年後見人、その他の者が「保護者」として扱われます。

そのため、親権者や未成年後見人が自分で子どもの養育を行わず他人に子どもを委ねている場合には、長期間子どもを現実に監護している祖父母や叔父・伯母などが、「保護者」となる可能性があります。もっとも、父母が祖父母に短時間預けていただけというような場合は、子どもが保育園に預けられている場合と同様、父母が「保護者」ということになるでしょう。

ちなみに、学校教育法上の「保護者」は、「子に対して親権を行う者（親権を行う者のないときは、未成年後見人）をいう」（16条）とされており、法律によっても「保護者」の定義は違うので注意が必要です。

児童福祉法・児童虐待防止法上で虐待行為者として問題となる「保護者」も、「親権を行う者、未成年後見人その他の者で、児童を現に監護する者」です。

また、２か月を超える一時保護や、施設入所等承認の同意が必要なのは➡Q3 Q6、親権者や未成年後見人であり、保護者ではありません。

「親権者」とは？

「親権者」とは、親権が帰属している人を指します。➡Q4 では、実際に誰に帰属するのでしょうか。

未成年の子どもは、父母の親権に服するとされています（民法８１８条１項）。しかし、父母に当然に親権が帰属するわけではありません。例えば、両親の婚姻中は父母が共同で親権を行使しますが（同条３項）、離婚後は、我が国では現在、単独親権制がとられているため、父母の離婚時に必ず父母のどちらかに子どもの親権者を定めなければなりません（民法８１９条１項）。そのため離婚後は、父母のいずれかは、親ではあるものの、非親権者となります。

親が未成年者である場合は、親である未成年者の親権者（子どもから見て祖父母）に、未成年者の子どもについての親権が帰属します（民法８３３条）。

父母が婚姻せずに出生した子については、原則母に親権がありますが、父母の協議で認知した父を親権者とすることは可能です（民法８１９条４項）。

しかし、次に説明する通り、法律上「親」とはいえないため、そもそも認知すらしていない生物学上の父には、親権者となる資格はありません。

離婚後単独親権者となった実親が再婚した場合、再婚相手と子どもの間には、当然には法的関係は発生しません。連れ子と再婚相手が養子縁組をした場合に、養親子間には法的親子関係が発生し、養親と実親が共同で親権を行使することになります。

施設入所・里親委託中の子どもに親権者・未成

年後見人がいない場合は、親権者・未成年後見人が選任されるまでは施設長（里親委託の場合は児童相談所長）が親権を行使します（児童福祉法47条1・2項）。

このように、当該児童の親権者が誰かについては、事情に応じ、個別具体的に検討する必要があります。

「親」とは？

法的な意味での親子関係もまた、生物学的に親子であれば当然に発生するものではありません。

母子関係は、分娩により成立します。父子関係は、婚姻内であれば母の夫が「嫡出推定」[*1]により父と推定されます。婚姻外であれば、「認知」により成立します。

「親権者」としてではなく、「親」であることにより発生する効果には、扶養義務や相続などがあります。そのため、離婚に伴い非親権者となったり、あるいは親権を喪失・停止されて親権を行使できない親であっても、子どもに対する扶養義務は免れることができないのです。

「未成年後見人」とは？

未成年後見は、子どもの親権者がいない時、または親権者が管理権をもたない時に開始されます（民法838条1号）。親権者が死亡・行方不明の場合のほか、親権喪失・停止等の審判を受けた場合にも開始されます。

未成年後見人は、未成年被後見人である子どもの身上監護権（民法857条）及び財産管理権（民法859条）を行使する点で、親権者と同じ責任を負っています。

本来、親権者がいない子ども全てに未成年後見人を選任するのが理想ですが、担い手の不足等もあり、難しいのが現状です。実際、多くの場合、施設長の親権代行で対応しています。

実際に子どもに未成年後見人が就任するためには、その子どもの親権を最後に行う者が遺言で未成年後見人を指定しておくか、あるいは家庭裁判所に申立てて、未成年後見人を選任してもらうことが必要です。未成年後見人選任の申立は、未成年被後見人（子ども自身）、またはその親族（民法840条）や、児童相談所長（児童福祉法33条の8）が行うことができます。現実には、親族または児童相談所が、家庭裁判所に、親族あるいは専門家の未成年後見人候補者を立てて、未成年後見人選任の申立を行うことが多いのではないでしょうか。

未成年後見人が身上監護権を有しているとはいえ、通常は、未成年後見人が弁護士など専門職の場合、子どもを引取って監護することはできません。そのため、現実には子どもの監護は施設等で担いつつ、財産管理やその子どもの権利擁護を専門職未成年後見人が担う、ということが多いでしょう。

他方で、親族方に引取られたなど、社会的養護下にない子どもの未成年後見人の場合、引取っている親族が未成年後見人として引取監護を行い、あわせて財産管理権のみを有する専門職未成年後見人が選任されるなど、職務を分担して後見業務を行うこともあります。

現在、児童虐待防止対策支援事業の一環として、家庭裁判所に選任された未成年後見人への報酬（被後見人の親族以外）や損害賠償保険料を補助する「未成年後見人支援事業」が、各自治体の実情に応じ実施されています（報酬補助は上限月額2万円）。このような制度の有無も調べておくとよいでしょう。

［＊1］　妻が婚姻中に懐胎した子どもを、法律上、夫の子と推定すること

Question 06

親権者の意に反する一時保護が2か月を超えると子どもは家に帰されますか？

親権者の意に反する一時保護

一時保護とは、児童の安全を迅速に確保し適切な保護を図るため、または児童の心身の状況、その置かれている環境その他の状況を把握するために、児童相談所長または都道府県知事が行う行政処分です（児童福祉法33条1項）［＊1］。Q3

原則として一時保護は児童相談所の一時保護所を利用しますが、一定の理由がある場合には、医療機関、児童養護施設、里親、その他適当な者に委託することができることになっています。

一時保護は、施設入所等の措置（児童福祉法27条1項3号）の場合と異なり、親権者や後見人及び子ども自身の同意は要件とされていません（児童福祉法33条1項）。子どもの同意がなくても、その安全確保のためには、速やかな一時保護が必要な場合もあります［＊2］。

もっとも、子どもにとって一時保護期間は、自分自身や家庭のことを振り返り、周囲との関係や生活を再構築する期間でもあります。児童相談所には、そのために必要な環境を整えるとともに、子どもの生活等に関する今後の方針に子どもが主体的に参画し、自己決定していくことができるよう支援を行うことが求められています。

そのためには、仮にその支援に対して子どもが否定的な意見をもっている場合であっても、関係機関が子どもの意向に沿わない判断をした理由を提示し、子どもの納得が得られるよう尽力しなければならないものとされています［＊3］。

なお、2022年6月8日の児童福祉法改正において、一時保護開始時には裁判所の判断が必要とされることになりました。

2か月の期間内にその後どうするか決まらない場合

Q3

一時保護の期間は、原則2か月とされています。

しかし、2か月の期間内に処遇が決まらない場合、例えば、家庭復帰を模索してきたがその条件が整わずに一時保護を継続しているような場合で、これが親権者等の意に反している［＊4］場合には、児童相談所はさらに2か月間の一時保護承認を家庭裁判所に求めることができます。ここで家庭裁判所が「引き続いて一時保護をする必要性がない」と判断すれば、一時保護は解除され、子どもは家に戻されることになります。

また、再更新の期限日を超えても家庭復帰の条件を満たせない場合には、そもそも短期間での家庭復帰は不可能として、家庭復帰を断念し、社会的養護の方針に切り替えざるを得なくなるでしょう。

そうした場合で、かつそれが親権者の意に反するということであれば、児童福祉法28条による施設入所等承認審判を児童相談所から家庭裁判所に求めていくことになるでしょう（28条措置）。ここでも家庭裁判所により「施設入所を認めない」という判断がされれば、（抗告審の判断にもよりますが）子どもが自宅に戻されるということもないわけではありません。

なお、一時保護中、成人年齢である18歳に達した場合、児童相談所長が特に必要があると認める時には、満20歳に達するまでの間、引き続き一時保護を行うことができます（児童福祉法33条8項）。

もっとも、成人年齢に達した後、本人が一時保護を拒否する場合には、措置を維持することはできません。措置の解除が本人の安全等を損なうことにならないよう、本人とよく話し合うことが必要です［＊5］。

［＊1］厚生労働省子ども家庭局長「一時保護ガイドライン」2022年12月16日付／子発1216第6号、4～5頁

［＊2］＊1「一時保護ガイドライン」4頁

［＊3］＊1「一時保護ガイドライン」4頁以下

［＊4］ここで「意に反するか否か」が問題とされるのは、「保護者」ではなく「親権者又は未成年後見人」となる（児童福祉法33条5項）

［＊5］厚生労働省子ども家庭局家庭福祉課事務連絡「民法の一部を改正する法律（平成30年法律第59号）の施行に係る留意事項（Q&A）の送付について」2022年3月2日、A6

Question 07

成人年齢引下げによる子どもへの影響は？入所措置の延長は可能ですか？

２０１８年民法改正による成人年齢引下げの内容と効果

　２０１８年6月13日に成立した民法の一部を改正する法律により、成人年齢が20歳から18歳に引下げられ、２０２２年4月1日に施行されています。施行日時点で18歳以上20歳未満の方は、施行日に成人となりました。

　成人を迎えると、クレジットカード、携帯電話、不動産賃貸の契約などを、親権者の同意なしに単独で行うことができるようになります。他方で、未成年者であることを理由とした契約取消権の行使はできなくなります。消費者詐欺を行う事業者は、こういうぜい弱なところを巧みに狙ってきます。周囲の関係者としては、本人たちに対して注意を促すとともに、トラブルに巻き込まれないように十分注意を払うことが必要です。

　同時に、婚姻年齢は男女ともに18歳となり、婚姻年齢と成人年齢が一致することになったため、未成年者の婚姻自体がなくなり、それに対する父母の同意（改正前の民法７３７条）の条項も削除されました。

　国籍法の関係では、認知による国籍取得可能年齢が20歳未満から18歳未満に引下げられました。同時に、帰化要件も20歳以上から18歳以上に引下げられます。さらに、重国籍者の国籍選択年齢要件も18歳に引下げられています。

成人年齢引下げと児童福祉法上の措置

児童福祉法上の措置への影響は以下の通りです。

（1）成人年齢を迎える前に一時保護（委託）／施設入所・里親委託措置中だった場合

成人年齢を迎える前に一時保護（委託）されていた、または（28条措置かどうかにかかわらず）措置入所あるいは委託されていた場合、成人年齢引下げの対象となるかどうかにかかわらず、満20歳に達するまでの間、一時保護を継続あるいは措置延長することは可能です［＊1］。入所中に成人に達すれば、以後は措置について親権者の同意を得る必要はありません［＊2］。つまり、18歳に達した時点で入所している場合、その後施設入所措置の満期がきたとしてその措置延長については、本人が了解さえしていれば、施設入所更新審判を申立てる必要はありません。

ただし、入所者本人自身が一時保護や入所措置を拒否する場合には、その意に反して一時保護や措置を継続することはできません［＊3］。

（2）自立援助ホーム入所対象者への影響

成人年齢引下げ時、既に自立援助ホームに入所していて大学等に在学している者については、措置解除後であっても、22歳に達する日の年度末日までの支援とすることが規定されています（児童福祉法6条の3第1項2号）。この点も成人年齢引下げの影響はありません。

（3）2022年児童福祉法等改正による自立支援強化

2022年の児童福祉法等改正においては、社会的養護対象者に対する自立支援の強化が打ち出されています。

具体的には、20歳まで自立援助ホームや措置延長により児童養護施設等に入所していた児童等、または里親等委託を受けていた児童等は、20歳以降は児童自立生活援助事業を活用し、それまで入所していた児童養護施設等や自立援助ホーム、委託を受けていた里親などにより都道府県が必要と判断する時点まで引き続き自立支援を受けることを可能とするとされています［＊4］。

また、社会的養育経験者等の生活・就労・自立を支援する拠点を設置する事業を創設すること等が予定されています［＊4］。

Q16

［＊1］　厚生労働省子ども家庭局家庭福祉課事務連絡「民法の一部を改正する法律（平成30年法律第59号）の施行に係る留意事項（Q&A）の送付について」２０２２年3月2日、A1、A4

［＊2］　＊1のQ&A　A2

［＊3］　＊1のQ&A　A3、A6

［＊4］　厚生労働省　令和3年度全国児童福祉主管課長会議　説明資料3「児童福祉法等の一部を改正する法律案関係」1．児童福祉法等の一部を改正する法律案について（3）社会的養育経験者・障害児入所施設の入所児童等に対する自立支援の強化　参照　２０２２年3月22日

事例で見る
子どもにまつわる法律相談

本章では、支援現場から寄せられた具体的事例をもとに、子どもにかかわる法律の諸問題を見ていきます。

1節は子どもの生命や身体を守るための相談、2節は子どもがもつ諸権利を守るための相談、3節は子どもと財産にまつわる問題に関する相談、4節は子どもが行った行為と受入れ先の責任に関する相談、5節は措置が終了した後のかかわりに関する相談です。

Question
08

1節　子どもの生命・身体の安全

子どもの受診や治療など医療行為に実親の同意がとれません

Q

現在、施設で暮らす中学生のAは、両親の離婚後、実母が単独親権者となりました。

しかし、5年前に実母がうつ病になって以降、Aに暴力をふるい、ネグレクトもみられたため、3年前に施設に入所しました。

入所後、Aはささいなことで激しく怒って暴れ、夜も悪夢で目を覚ますことが続きました。本人は、このような状態を改善したいと、担当職員に相談して精神科クリニックを受診しました。そこで医師からPTSDの診断を受けて、向精神薬の服薬を勧められ、また一時入院が必要とされました。

しかし、それを実母に相談すると、「薬は意味がない。自分もそう。もう精神科にはかからないでほしい」と強く言われました。

施設長の同意だけで、こうした受診・服薬・入院は可能でしょうか。

また、これが里親の場合はどうでしょうか。

受診と服薬治療については、親権者の不同意が、子どもの最善の利益を「不当に妨げる行為」であるとされた場合は、施設長等の判断で開始できます。精神病院への医療保護入院については、親権者の同意が得られなければ、親権停止等の手続が必要です。

医療行為への親権者の同意の必要性

医療行為には、基本的に患者本人の同意が必要ですが、子どもの場合は、通常、親権者にその同意を求めることになります。

しかし、医療行為への同意は自身の生存にかかわる権利です。遺言・養子縁組などの行為は、子どもが15歳以上であれば、子どもが単独で行うことができるとされています。それを踏まえて「宗教的輸血拒否に関するガイドライン」では、15歳以上から子ども本人の意思を尊重する扱いをしており［*1］、参考になります。

以下、親権者が精神科への受診、服薬、入院治療を拒否する場合に、子どもにこれらの医療行為を受けさせることが可能か、について検討します。

措置中の子どもが医療受診・服薬治療を受ける時親権者の同意は必要か

(1) 受診・服薬治療について

日常的な生活の範囲内の事柄について、施設長等は監護及び教育に関し、その児童等の福祉のため必要な措置をとることができるとされています（児童福祉法47条3項）。よって、日常的な傷病（例えば風邪など）の受診・服薬などについては、その範囲内で行うことができます。

この施設長等の監護及び教育（以下、監護等）

の措置を、親権者らは不当に妨げてはならないとされています（児童福祉法47条4項）。具体的にどういう場合が、この「不当に妨げる行為」にあたるかについては、ガイドラインが示されているところです。→Q14 そこでは、児童に必要とされる医療［精神科を含む医療機関での診察、検査、治療（薬物療法、処置、手術等）など。入院によるものを含む］を正当な理由なく受けさせない行為も「不当に妨げる行為」にあたるとされており、心療内科を含む精神科医療を正当な理由なく受けさせない場合も含まれるとされています。
→巻末参照③2.(1)ウ

したがって、施設長等は、それが子どもの福祉に必要であれば、日常的な傷病の受診・服薬については、最終的には親権者の同意なく行うことができると思われます。

もっとも、子どもの福祉に必要か否かを判断するためにも、以前子どもを監護していた親権者がなぜ治療や服薬を拒否するのかきちんと確認した上で、親権者に対し、子どもの受診・服薬の必要性について十分説明することは必要です。

それでも親権者が合理的な理由なく受診・服薬を拒否する場合には、同ガイドラインを参考に、次のような対応を検討することになるでしょう。

> ①親権者の拒否が、専門的見地からも合理性がない場合には、まずはできる限り親権者の理解を求める。
> ②理解が得られない場合は、前記の「不当に妨げる行為」にあたることを説明する。
> ③場合によっては、児童相談所も含めて、調整を図る。

（2）向精神薬の服薬について

前記の通り、ガイドラインでは心療内科を含む精神科医療についても、診察、検査、治療（薬物療法、処置、手術等）を親権者が正当な理由なく拒否することは、「不当に妨げる行為」にあたるとされています。

この点に関連して、2019年9月、児童自立支援施設に入所し、医師から向精神薬の服薬が必要であるとされていた子どもが、親権者の同意を得るまでの間、代替案として漢方薬等が投薬されていましたが、その間に施設内で自死するという痛ましい事件が起こりました。その報告書の提言を踏まえて、厚生労働省は、医師が措置児童に向精神薬を服薬させる必要があるとした場合には、子どもの意見にも配慮しつつ、施設長の監護措置として投薬を行う対応をあらためて周知徹底してほしいとする通知を発出しています［＊2］。

以上を踏まえると、本ケースの受診・服薬の場合、Aさんは既に中学生ですから、本人の意向を十分確認した上で、実母に対しては医療機関からも服薬の必要性を説明してもらうなどして、まずは理解を求める必要があるでしょう。それでも実母が合理的な理由なく拒否し続ける場合には「不当に妨げる行為」にあたることを説明し、児童相談所も含めて調整を図るべきでしょう。その上でなお実母の了解が得られない場合に、施設長の判断で受診・服薬させることを検討することになります。

一方、里親の場合、里親が監護措置をとることができることにはなっているものの、前記のような親権者のやりとりも含め、児童相談所とよく相談した上で進めた方がよいでしょう。風邪薬などの日常的な服薬と同じような感覚で、里親のみの判断で向精神薬の服薬を開始することのないよう注意しましょう。

（3）精神科入院について

一方、精神科への医療保護入院［＊3］では、本人が15歳以上の場合でも、親権者の同意が必要です（精神保健及び精神障害者福祉に関する法律33条）。この同意につき、親権者として父母双方がいる場合には、原則として父母双方の同意が必要とされています［＊4］。

そのため、関係者が親権者に理解を得られるよう努力したにもかかわらず、親権者が医療保護入院に同意しない場合には、児童相談所に相談し、児童相談所長が親権停止審判申立をすることが必要になります。➡Q4 緊急性の高い場合には、申立と同時に、審判前の保全処分申立を行い、親権者の職務を停止した上で、親権代行者あるいは職務代行者の同意を得て、本人を入院させる必要が出てきます。父母双方の親権者としての職務が停止され、職務代行者を選任しなかった時は、施設長が親権代行者として入院の同意をすることになります（児童福祉法47条1項）。

なお、ファミリーホーム、里親委託の場合には、職務代行者が別途選任されていない場合には、児童相談所の所長が親権代行者となります（児童福祉法47条2項）。

[＊1] 宗教的輸血拒否に関する合同委員会報告「宗教的輸血拒否に関するガイドライン」２００８年2月28日

[＊2] 厚生労働省子ども家庭局長『令和元年9月に発生した死亡事案に関する報告』（令和2年4月30日社会保障審議会児童部会国立児童自立支援施設処遇支援専門委員会）及びこれを踏まえた取組の徹底について」２０２０年4月30日

[＊3] 精神保健指定医（または特定医師）の診察及び家族等のうちいずれかの者の同意により、入院を必要とする精神障害者で、自傷他害のおそれはないが任意入院を行う状態にないものを入院させる入院形態

[＊4] 厚生労働省社会・援護局障害保健福祉部精神・障害保健課長通知「医療保護入院における家族等の同意に関する運用について」２０１９年12月6日付／障精発０１２４第1号

Question 09

インフルエンザ予防接種や新型コロナウイルス感染症のワクチン接種親の同意が必要ですか？

Q

当施設では、入所時にインフルエンザ等の予防接種や医療にかかわる行為について親権者の同意をとるようにしています。しかし、多くの子どもたちの入所時には想定していなかった、新型コロナウイルス感染症が大きな社会問題となりました。

施設としては、クラスター発生予防の観点からも、できれば子どもたち全員にワクチン接種をしてもらいたいところではあります。

この新型コロナワクチン接種については、あらためて親権者の同意をとる必要があるのでしょうか。同意が必要な場合、同意がなければワクチン接種はできないことになるのでしょうか。

もし、親権者に連絡がつかず、その意向がわからない場合はどうしたらよいのでしょうか。

また、インフルエンザワクチンの接種を親権者が拒否する場合も同様でしょうか。

新型コロナウイルスワクチン接種に関して、措置開始の同意時、蔓延が想定外だった場合は、保護者から別途同意をとることが望ましいでしょう。一定の対応をしても親権者の同意の有無が確認できない場合は施設長等の判断で接種を行える場合があります。インフルエンザ予防接種等の任意接種の場合は、現状では予防接種法の適用外で同意についての規定はなく、個別に判断することになります。

予防接種の制度上の分類と保護者の同意

予防接種は、①予防接種法に基づく予防接種と②予防接種法に基づかない任意の予防接種に分類することができます。

①は法律に基づき市区町村が主体となって実施されるものであり、「定期接種」「臨時接種」「新臨時接種」に区分されます（**表1**）。

他方、②は任意の予防接種です。子どもに対する季節性インフルエンザワクチンなどはこれにあたります。

①と②では、副反応が生じた場合の補償の程度が異なります。2021年4月時点では、①のA類疾病定期接種や臨時接種は、予防接種法に基づき比較的高額で手厚い補償の対象となっているのに対し、①のB類疾病定期接種や②の任意接種は、前者より低額の補償にとどまります。

予防接種法（①が対象）は、16歳未満の者についてはその保護者（親権者または未成年後見人）に対して、子どもの定期A類、臨時予防接種の努力義務を課しています（予防接種法9条2項）。

その上で、予防接種を行う際は、被接種者（子ども）または保護者に対し、予防接種の有効性・安全性と副反応について理解を得るよう適切な説明を行い、文書により同意を得なければならない

表1　予防接種法における予防接種の分類

	定期接種		臨時接種	新臨時接種
	A類疾病	B類疾病		
条文	5条1項		6条1・2項	6条3項
目的	伝染によるまん延予防	個人の発病又はその重症化防止及びそのまん延の予防	緊急の必要があるもののまん延防止	緊急の必要があり、臨時接種対象疾病より病原性が低いもののまん延防止
対象疾病	ジフテリア、百日せき、急性灰白髄炎（ポリオ）、破傷風※1、麻しん、風しん、日本脳炎など	インフルエンザ※2など	A類疾病及びB類疾病のうち厚生労働大臣が定めるもの	B類疾病のうち厚生労働大臣が定めるもの

※1　ジフテリア、百日せき、ポリオ、破傷風は4種混合ワクチンの対象疾患
※2　65歳以上の高齢者は法律に基づく市町村主体の接種の対象とされているが、子どもを含むそれ以外の者については対象外
【出典】厚生労働省「接種類型について」

とされています（予防接種実施規則5条の2第1項）。

なお、被措置児童で保護者と連絡がとれないなど保護者の同意を確認できない時は、ファミリーホームまたは里親への委託児童は里親等、施設入所中の場合は施設長、一時保護中の場合はその児童相談所長の同意で接種できるものとされています（予防接種実施規則5条の2第2項）。

新型コロナワクチン接種の法的位置づけと保護者の同意

今回の新型コロナウイルスワクチン接種は、予防接種法附則7条2項の特例規定に基づき、前記①の中の臨時接種とみなされることになりました。補償も、予防接種法に基づく最も手厚い補償の対象とされています。（2023年2月現在）

そこで、新型コロナワクチン接種については、施設等の入所者［＊1］の場合、接種者が未成年で

も16歳以上であれば、保護者の同意は不要です。他方、12歳以上16歳未満の子どもが接種する場合は、子ども本人の意思を尊重しつつも、ワクチンの効果や副反応について丁寧な情報提供を行い、保護者の同意が必要となります。

児童相談所等は保護者へ電話連絡、同意文書の郵送または保護者宅への訪問等により、可能な限り保護者から文書による同意を得るように努めることとされています[＊2]。

予防接種に関し、児童相談所等で保護者の包括同意文書を事前に取得しておくことは差し支えないとされていますが、同意というのは同意時点で想定できた事情を前提にするものですから、入所後に想定していなかった事態が発生した場合には、「その事態については同意していない」と言われかねません。そのため、新型コロナワクチン接種が必要になる事態が発生する前の包括同意がある場合でも、あらためて追加で保護者から同意をとることが必要と思われます。

親権者から同意をとれない場合の対応

親権者から同意をとれない場面には主に以下の3つがあります。

①親権者が接種を拒否している場合
②保護者の住所・居所は確認できるものの連絡がとれない場合
③居所がわからないために意向が確認できない場合

①の場合、法的には、親権停止等の措置により接種することが考えられないわけではないのですが[＊3]、新型コロナワクチン接種の影響がどのように出てくるか誰もわからない現状では、裁判所が、ワクチン接種の影響を懸念して接種に反対している親権者の意に反してワクチン接種をする

ためだけに親権停止を認めるということはあまり現実的ではないように思われます。

②の場合の連絡がとれない例として参照されている2022年12月9日通知では、定期接種以外の予防接種につき、以下のような具体的な状況が挙げられています。

> ア　1～2週間程度、複数回、保護者へ電話連絡又は同意文書の送付をしても回答がなく、児童相談所等の関係機関や親族等からの協力を得てもなお保護者の同意の有無が確認できない場合
>
> イ　1～2週間程度、複数回、保護者宅への訪問等を行っても、一度も面会ができず、児童相談所の関係機関や親族等からの協力を得てもなお親権者の同意の有無が確認できず、児童相談所の関係機関や親族等からの協力を得てもなお親権者の同意の有無が確認できない場合

これらの場合、児童相談所長等［＊4］が保護者に代わって同意することができるとしています。

③の場合は、予防接種実施規則5条の2第2項に基づき、施設長等が同意することができます［＊5］。その場合でも、子どもの年齢等を勘案した上で、子ども本人の意思を尊重しつつ同意を行うものとされています。

任意接種の場合

インフルエンザなど任意接種の場合はどうでしょうか。これについては予防接種法の適用外であるため、同意についての規則はありません。現状では、16歳以上の場合は子どもの意思を尊重し、16歳未満の場合で保護者の同意が確認できない場合には、前記の通り補償が十分ではないというリスクと、その子どもが置かれた具体的状況における感染のデメリット（例えば受験を控えているなど）も鑑みて、本人の意向も踏まえながら個別に

判断していく以外ないものと思われます。

［＊1］ 厚生労働省健康局健康課予防接種室、厚生労働省子ども家庭局家庭福祉課、厚生労働省社会・援護局障害保健福祉部障害福祉課障害児・発達障害者支援室事務連絡「児童養護施設等入所者等への新型コロナウイルス感染症に係る予防接種について」2021年7月5日付より、児童養護施設・児童心理治療施設・児童自立支援施設・母子生活支援施設・自立援助ホーム・ファミリーホーム、障害児入所施設、里親、一時保護所に入所している、または保護・委託されている者を指す

［＊2］ 厚生労働省健康局健康課予防接種室、厚生労働省子ども家庭局家庭福祉課、厚生労働省社会・援護局障害保健福祉部障害福祉課障害児・発達障害者支援室事務連絡「児童養護施設等入所者等への新型コロナウイルス感染症に係る予防接種について」2021年7月5日付

［＊3］ 厚生労働省「予防接種実施規則第5条の2第2項に基づき行われる児童相談所長等の予防接種に係る同意について」2022年12月9日付／健発1209第11号・子発1209第3号・障発1209第2号

［＊4］ ＊3の事務連絡より、小規模住居型児童養育事業を行う者又は里親委託中は小規模住居型児童養育事業を行う者または里親、児童施設入所中は児童福祉施設の長、一時保護中は児童相談所長を指す

［＊5］ ＊3による

実親が施設特定の目的と思われる贈り物をしてきました

Q

Bは、実親の虐待により、児童福祉法28条に基づき児童養護施設に入所措置となりました。実親が施設を知ると連れ戻しにくるおそれがあるため、実親に施設名は開示されていません。

しかし先日、実親から、B宛の贈り物が直接施設に届きました。

後に、実親が県内の大半の施設に無差別にB宛の荷物を送りつけたことが判明しました。虐待の事実を認めていない実親は、家庭裁判所の審判に不服で、措置されている施設の特定をしたかったようです。

実親からの追跡行動があると、虐待を受けてきた心の傷を施設で癒そうとしているBにとって、そこで生活することも安心と感じることができない状況になってしまい、施設としても危惧しています。

児童福祉法28条の入所措置により、親権者の権限がどこまで制限されるのかを教えてください。

A

居所を探索しないよう、実親への指導を児童相談所に相談しましょう。実親からの贈り物などが子どもの利益にならなければ、通信制限もあり得ます。他方で、実親との面会交流は子どもの権利でもあるため、子どもの意向も踏まえ、何がその子どもにとって利益となるかを個別具体的に判断する必要があります。

施設長等の権限と親権者等の親権との関係

本ケースでは、実親は、Bさんへの贈与という方法により、Bさんの所在探索という目的を果たそうとしたようです。児童福祉法28条による措置がとられている場合に、親権者の権限がどこまで制限されるのか、①子どもの所在の秘匿その他の親権制限、②親から子どもへの贈与や通信など交流の制限、という観点から見ていきましょう。

所在の秘匿その他親権制限

本来、親権者は子について監護教育・居所指定をすることができるとされていますが、施設入所等措置の結果、親権者は子が措置された児童福祉施設から子どもの引渡しを求めることなどはできなくなるため、事実上、監護教育権や居所指定権について制限を受けることになります。Q4

そのため、親権者等の意に反して施設入所等の措置（児童福祉法27条1項3号）をとるには、家庭裁判所の施設入所等の承認審判が必要とされています（児童福祉法28条1項。以下、28条審判）。Q3

この28条審判による措置の場合には、子の居所を明らかにすると虐待を行った保護者が連れ戻しにくるなどのおそれがある場合には、児童相談所長は当該保護者に対し、措置先を非開示とすることができます（児童虐待防止法12条3項）。こうなると、当該保護者は子の所在すら把握できないことになります。

なお、28条審判による措置の場合に限らず、施設入所措置がとられると、実際に子どもを監護している施設長等の権限と、親権者の親権との関係が問題となります。→Q4

この点、児童福祉法47条3項は、子どもに親権者等がある場合でも、施設長等に、監護及び教育に関し、その子どもの福祉のため必要な措置をとることを認め（ただし、体罰等を加えることはできない）、同4項で、親権者等はその措置を不当に妨げてはならないとしています。この親権者の「不当に妨げる行為」の具体的内容やそれへの対応については、「児童相談所長または施設長等による監護措置と親権者等との関係に関するガイドライン」（以下、ガイドライン）が参考になるため、それを参照して前記①②を見ていきましょう。→巻末参照③

親から子どもへの贈与や通信など交流の制限

親から入所中の子どもに物や手紙を贈るのは、親子の交流の一場面と捉えることができます。それも含めた親権者等との面会交流・通信が子どもにとって望ましくないと考えられる場合、前記ガイドラインでは、事例に応じて次のような対応をとるべきであるとされています。→巻末参照③4

①親権者等へ、当該行為が児童の利益の観点から適切ではないことを説明し、理解を求める。
②それでも改善がみられない場合には、面会・通信の制限（児童虐待防止法12条1項）、児童相談所長または都道府県知事による接近禁止命令の措置（児童虐待防止法12条の4第1項）を検討する。
③それでも制止できない場合には、児童相談所長による親権停止等の親権制限審判申立をす

る。

②の「面会・通信の制限」は、28条審判に限らず、一時保護された、あるいは施設入所措置された子どもの保護者に対して、児童虐待を受けた子どもの保護のため必要がある場合に、面会・通信の全部または一部を制限する行政処分です。施設長がこの制限を行った場合にはその旨を児童相談所長に通知する必要があります（児童虐待防止法12条2項）。

また、「接近禁止命令」とは、子どもが措置入所し、かつ面会・通信等が全て制限されている場合で、虐待防止及び被虐待児童の保護のため特に必要がある時に、子どもの住所や居所、就学する学校、その他日常的にいる場所の付近を、保護者等に徘徊してはならないと命ずるものです（6か月以下の期間内）。

本ケースの場合、まずは実親に対して、施設宛に物を送らないよう児童相談所から指導し（児童福祉法11条1項2号二）、実親がそれを拒否する、あるいは従わない場合には、児童虐待防止法12条1項2号により、通信としての物の送付を制限することになります。

いずれにしても、措置施設を隠している以上、施設長からこうした指導を行うわけにはいきませんので、児童相談所に対応してもらう必要があるでしょう。

面会交流制限と子どもの権利

前記の通り、施設長等は児童福祉法47条3項に規定される監護権に基づき、子どもの福祉のために必要な措置をとることができます。安全性の観点から、親権者との面会交流は適切ではないと判断すべき場合もあるでしょう。

しかし、子どもの権利条約9条3項において「親の一方または双方から分離されている子どもが、子どもの最善の利益に反しないかぎり、定期的に親双方との個人的関係および直接の接触を保つ権利を尊重する」［＊1］とあるように、親との定期的な面会交流は、子ども自身の権利としての側面もあります。よって、制限することが、子どもが親と交流する権利を不当に妨害するものになっていないか、という観点からも検討することが必要になります。

例えば、Bさんが日常生活を送る場所が実親に特定されないよう、まずは児童相談所でBさんと実親を面会させることもできるかもしれません。また、面会は無理でも、場所が特定されない形で実親からのプレゼントを受け取ること自体は、Bさんは拒否しないかもしれません。

このように、子どもの心身の安全を確保しつつ、子どもの意向や心情を丁寧に確認しながら親権者との交流を徐々に実現していくことができないか、「子どもの最善の利益」という観点から、可能な限り探っていく必要はあるでしょう［＊2］。

［＊1］ 国際教育法研究会訳

［＊2］ 宇都宮地裁判決令和3年3月3日は、児童相談所が一時保護し、児童福祉法27条1項3号に基づき児童養護施設に入所措置した児童の父母に行政指導としての面会・通信制限を行ったことに対し、その児童の母の児童相談所に対する国家賠償請求を認めた。もっとも、その控訴審である東京高裁判決令和3年12月16日は、これを否定している

Question 11 自傷のおそれがあるので子どもの部屋の窓を閉鎖しました「被措置児童等虐待」にあたりますか?

現在高校3年生のCは、中学入学時より不登校になり、施設生活への不満も増幅していました。施設をたびたび飛び出すなどしたため、精神科の通院を開始しています。

Cが中学3年生の時、適応指導教室で教員が目を離したすきに、2階の窓から飛び降りる事故が起きました。しばらく外科と精神科に入院し、退院後は再度施設での生活が始まりました。

高校に通い始めた頃は少し落ち着いたものの、最近また調子が悪くなり、再度施設の2階から飛び降りて足首を骨折し、今回も外科と精神科に計2週間入院しました。今も施設2階の個室を居室にしています(1階は2人部屋のみ。同室の子どもへの影響を鑑み2階の個室が望ましい)。

職員会議では、子どもたちとCの安全を守ることが第一として、Cの部屋の窓や2階から外に出る扉を閉鎖する提案が出ました。しかし一方で、それでは自由がなく、施設への不満からCをさらに不安定にさせる、そもそも自由を拘束することは被措置児童等虐待にあたるのではという意見も出ています。本当にそれにあたるのでしょうか。

被措置児童等虐待とみなされないためにも、本人または周囲の生命・身体が危険になる可能性が高い状況か、この対応以外安全確保の方法がないのか、制限様態や期間は必要最低限かなどの観点から、施設全体で検討し、その記録を残し、機関決定として対応しましょう。その上で、本人や家族などの了解を得ておきましょう。

安全確保のための措置でも施設で十分な検討が必要

精神的に不安定になると2階から飛び降りてけがをするということを、過去に2度繰り返しているCさんを2階の自室に戻すにあたり、自室の窓や2階から外に出る扉を開かないようにすることが施設内虐待に該当するのか、という質問です。

このような難しい子どもを再度受け入れようとする施設の姿勢自体は、非常に高く評価されてよいでしょう。なぜなら「新しい社会的養育ビジョン」において、施設養育が、家庭と同様の養育環境では養育困難な子ども、高度なケアが必要な子どもの措置先として専門化していくことが要請されているからです。→Q1

もっとも、2階自室の窓や2階から外部への扉を開かないようにした結果、例えば、事実上子どもを特定の場所に閉じ込め隔離する、熱中症を発症するような劣悪な環境に置くことになるなど、具体的事情によっては、心理的や身体的被措置児童等虐待に該当する懸念もないわけではありません。

他方で、本ケースの場合のような子どもについて自傷防止のための措置をとることは、安全配慮義務の観点から必要な状況です（必要性）。特に、子どもが2階から飛び降りるということが2回にわたって発生しているにもかかわらず、何ら対応をとらずに、再度2階の自室に戻して、3度目の事故が起こった時には、施設の安全配慮義務違反が問われる可能性が高い状態といえます。

Cさんの状況を踏まえた場合、本当に自室を2階にせざるを得ないのか（2人部屋を1人で使わせることもあり得る）をまずは検討すべきでしょう。どうしても2階を自室にせざるを得ないとしても、自室の窓や2階から外に出る扉を開かないようにするという方法が、現状のCさんの状況に照らして安全確保の目的のために本当に適切なのか（例えば、閉塞感から精神的な不安定さをより助長するおそれはないのかなど）、安全を確保しつつ部屋の閉塞感をより制限しない方法はないのか（例えば、窓の開閉は維持しつつ、窓柵を設置するなど）も含めて、主治医の助言も踏まえた上で、検討すべきでしょう（相当性）。

つまり、施設は、安全確保の必要性があるとしてもその手段が本当に相当なのかを、組織として十分に検討する必要があるということです。

安全確保の必要性・相当性の検討ポイント

前記の検討においては、

①本人または周囲の生命や身体が危険にさらされる可能性が高い状況か
②それ以外に代替する方法がないか
③その措置の期間は、目的達成のために必要最低限な期間か

といった点に留意するとよいでしょう。

このケースでは、2度も2階から飛び降りてけがをしていることから、一般的には対応の必要性は認められるように思われます。しかし、しばらく落ち着いていた時期もあるため、前回の退院後の様子はどうだったのか、どのような場合に精神不安定になる傾向があり、現在そのリスクが高い状態にあるのかなど、主治医の助言も踏まえ、ケー

スに応じて個別具体的にリスクを分析する必要があります。

その上で、子どもの生命・身体の危険防止を最優先に考えるとしても、より制限度の低い方法がないのか、柔軟な発想で、ありとあらゆる方法を十分に検討する必要があります。

そうした分析と検討の結果、やむを得ずそのような措置しかないという場合でも、目的のために必要最低限と考えられる期間を定めるなどして行うべきでしょう。その期間が終わる頃になってもまだ危険性がなくならない場合には、代替手段も含め、再度関係者で検討する機会を設けておくことが重要でしょう。

対応について理解を得る手続も重要

このような対応の場合、必要性・相当性の要件を十分検討するとともに、手続的な段取りもしておくことが必要です。

すなわち、前記のような措置の決定は、担当職員の判断など個人に任せるのではなく、本ケースのように、職員会議でさまざまな角度から議論し、施設として機関決定することが非常に重要です。どのような検討を経てこの結論に至ったかを記録に詳細に残しておくことも、後日安全配慮義務を巡ってトラブルになった時の証拠として不可欠といえるでしょう。

その上で、本人及び家族に必要性を説明し、可能であればその措置をとることの了承を文書で得ることも検討すべきと思われます。

実親からの性暴力を子どもが打ち明けてくれました警察に届出るべきでしょうか？

Q

Dは、両親の激しい争いの目撃と、実父からの性暴力の疑いがもとで児童養護施設に入所し、４年が経っています。

その間に両親は離婚し、Dの親権者は母となりました。母は自身の実家で生活しています。

先日、Dは、自分が小学校入学前後から3年生頃まで実父に性暴力を受けていたことを、担当職員に打ち明けました。入所時は、疑いはあったものの、D本人が否認していたため、自分から話してくれるのを待っていました。

担当職員が聞いた内容が大変残虐なものだったので、職員間で「警察に通報すべきでは」という話が出ています。

しかし、そのことによる本人の精神面へのリスクも、決して少なくないと思われます。本人の今後のためにも、他者が簡単に決められることではありません。

こうした性被害の手続に関しては現状どうなっているのでしょうか。また、どんなリスクが考えられ、どのような支援をしていけばよいのでしょうか。

刑法改正により、性犯罪は被害者の告訴が不要となったため、子ども本人の意思にかかわらず捜査が開始される可能性はあります。ただし、加害者の刑事責任を追及するとなると被害者本人の負担を伴うおそれがあります。子ども本人の意向を十分尊重するとともに、子どもが希望する場合には、支援者側も法的なサポートの提供や、相当期間に及ぶ心理的なサポートを行い続ける覚悟が必要です。

刑法改正により「旧強姦罪」は非親告罪に

以前の「強姦罪」「強制わいせつ罪」は、裁判で事実関係が明らかになることで被害者のプライバシーが害されると、被害者へさらなる負担を与えるため、被害者本人の意思を尊重して「親告罪」とされていました。親告罪とは、被害者の告訴［＊1］がなければ公訴［＊2］を提起することができない犯罪です。

しかし、処罰されるべき性犯罪が放置されていること、被害者に告訴するかどうかという重大な選択をさせることが、被害者の負担になっていることなどの問題がありました。

そこで、2017年7月に施行された改正刑法では、「強姦罪」「強制わいせつ罪」は被害者からの告訴が不要な非親告罪に変更となりました。また、強姦罪は「強制性交等罪」とされ、男性も被害者になり得るように改正されました。

加えて、監護者が18歳未満の者に性的行為をした場合の、「監護者わいせつ罪」「監護者性交等罪」が新設されました。監護者とは、被害者と生活・生計をともにし、保護―被保護等の関係（親・養親など）にあることが念頭に置かれています。この罪は、暴行や脅迫がなくても罰することができるとされています。

法改正後の警察・検察の訴追状況を見てみると、特に監護者による性犯罪に関して、積極的に捜査・起訴する傾向もあるようです。

許しがたい子どもへの性犯罪
――告訴の前に

本ケースでは、施設職員の間で、警察に被害届を出してはどうか、という話になっているということです。前記のように、非親告罪となった罪である以上、Dさんの意向にかかわらず、公訴時効10年の経過前に警察への通報が必要と思われるかもしれません。

たしかに、性暴力は許されない犯罪です。子どもと加害者との接触が回避できないなど、さらなる被害から子どもを守るためにも、加害者に刑事責任を問うことが必要不可欠な場合もあります。

しかし、他方で、刑事責任を問うためには、被害者等が一度犯罪事実の申告をするだけでは足りず、次のような刑事手続遂行に伴う負担が発生することも考えなければなりません。

性被害の刑事手続に伴うリスク

性被害の刑事手続を進めることに伴うリスクとして、具体的には次のようなことが考えられます。

(1) 手続や捜査による被害者本人への負担

被害内容の聴取は、刑事手続を進める上で欠かせないものです。通常の被害の場合、捜査（警察）・起訴（検察）、それぞれの段階で被害者に対する被害状況の聴取がなされます。

警察や検察から、何度も被害事実の詳細を聴取されることは、本人にとっては周囲が想像する以上に多大な負担となります。また、何度も聴取することに伴う誘導・暗示の影響により、その供述の信用性が後日争われることにもなりかねません。

こうした負担や弊害を回避するため、最近では、施設等や児童相談所が子どもの性被害を把握した早期の段階で、児童相談所・警察・検察の３機関、またはそのうち２機関の代表者が、司法面接的手法［＊３］を用いて子どもの聴取を行う「代表者面接」が進められています。しかし、地域による差もあり、必ず実施されるとまではいえない状況です。警察・検察が代表者面接の実施に消極的な場合でも、児童相談所で被害確認面接を実施・記録して、聴取の回数を最小限にしようとする試みも行われています。施設としては、性被害の可能性が出てきた段階で、子どもから事情を詳しく聞く前に、このような手法を使って本人の負担を最小限にできないか、早急に児童相談所に相談することが必要です。

（２）起訴できなかった場合のリスク

本ケースは被害から４年も経ているため、本人の供述以外に客観的証拠が存在しない可能性が高く、Ｄさん自身が刑事告訴する気になったとしても（特に加害者とされる実父が加害事実を否定した場合など）、立件できるだけの証拠がないとして、最終的に起訴できないという結論に達するおそれがあります。

この場合、Ｄさんは、被害事実を外にさらすことになってしまうだけでなく、加害者とされる実父の事情聴取が行われることで、Ｄさんが警察に被害申告をしたことが実父に知られることにもなってしまいます。その後のＤさんの保護や施設を離れた後の親子関係をどうするのかも考えなければなりません。

（３）出廷した場合の被害者のストレス

加害者が加害事実を否定するにもかかわらず起訴された場合、Ｄさんは法廷で証人として被害事実を証言しなければならないおそれがあります。もちろん、被害者保護の制度として、加害者と直接会わなくてすむよう、遮蔽措置や、本人が別室にいられるビデオリンク手続等も用意されています。とはいえ、弁護側の反対尋問にも耐えなければならず、本人にとっては相当のストレスとなることが考えられます。

本人に寄り添い意思形成を支援する重要性

Dさんが職員に事実を開示できたのは、Dさん自身にとっては、大きな一歩であったと思われます。しかし、抑圧していたものを開示したことで、今後、心身への影響が現れてくる懸念もあります。Dさん本人が、前記のリスクを理解した上で、被害を乗り越えて前に進むために実父の適正な処罰が必要と感じているのであれば、周囲はDさんの決意を全面的にバックアップする必要があります。

具体的には、刑事手続上もDさんの保護が十分図られるように、実親の状況把握や代表者面接実施のための児童相談所との連絡、被害者代理人となる弁護士の選任を依頼する[＊4]、Dさんの心理面を支えるために専門職や医療機関との連携を図る、といった支援が必要になるでしょう。それには、Dさんが実父を告訴したことによって抱くかもしれない心理的負担を軽減することも含まれます。

また、もし、まだどこの機関からも聴取が行われていない段階であれば、被害者代理人から代表者聴取を行うよう関係機関にはたらきかけてもらう必要がありますし、本人が加害者に対してどのように考えているか（厳罰を望むのか、それは望まないのかなど）を正確に検察官に伝えてもらう必要があります。加害者の弁護人から示談の申し出があれば、それにも対応しなければなりません。

他方、Dさん自身が実父の処罰を求めることに踏み切れない場合は、周囲の意向のみで進めるべきではないと思われます。手続中、最も影響を受け、場合によっては耐えがたいほどつらい思いをする可能性があるのは、Dさん自身だからです。

前記の通り、性被害の刑事告訴には少なくないリスクを伴います。まずは、Dさんが法的手続をとることを選択するのかどうか、本人が信頼を寄せる大人が正確な情報を提供しつつ、Dさんに伴走してその意思形成をしっかりと支えていくことが重要です。

もし、Dさんの意思に反して加害者が起訴された場合でも、被害者がしっかりと証言できるかどうかは、裁判を維持する上で検察にとっても重要な関心ごとです。捜査機関とも連携をとりつつ、刑事手続中やその後の暮らしも視野に入れた本人の意思形成をサポートすべきでしょう。

[＊1] 「告訴」とは、被害者など法律で告訴をすることができると定められた人（告訴権者）が、犯罪事実を申告して犯人の処罰を求めることをいう。一方、告訴権者以外の者が、犯罪事実を申告して犯人の処罰を求めることを「告発」という

[＊2] 「公訴」とは、検察官が犯罪につき、刑事裁判所に起訴状を提出して刑事裁判を求めることをいう

[＊3] 「司法面接的手法」とは、聴取される子どもの記憶の低下やさまざまな機関から何度も聴取されることによる負担を回避するため、できるだけ早い段階に、できるだけ少ない回数で事実関係を聴取する手法である。日本では、NICHDプロトコル、Child Firstプロトコルなどが普及している。誘導質問原則禁止、多機関連携、録音・録画、早期・短時間面接などを特徴とする

[＊4] 本ケースの場合、親権者の母は実父と離婚しているため、母が法定代理人として被害者代理人弁護士を選任してもよい。しかし、Dさんが受け取る示談金は、Dさんが成人するまで法定代理人として親権者母が管理することなどから、親権者母が、Dさんの意向や利益を十分斟酌せずに加害者（弁護人）と示談してしまうような懸念も考えられる。そのような懸念がある場合には、児童相談所や施設等がDさん固有の利害を判断する独立した立場の代理人選任を検討する必要が出てくるだろう。基本的には、子どもの親の事情を把握している児童相談所で弁護士の手配をすることが適当ではあるが、児童相談所の動きが鈍い場合などは、施設が迅速に動くことも検討せざるを得ないのではないか。施設において、子どものために代理人弁護士を選任する必要がある場合については、第4章を参照のこと

子どもが自分の売春を告白口止めされたらどうすればよいですか？メール等の開示請求は可能ですか？

Q

施設入所中のEは音楽が得意で、その音楽大学への進学を希望し、その費用を稼ぐためにアルバイトをしていました。

最近無断外泊が続き、担当職員が理由を問い詰めると、携帯電話を利用して売春をしていたことを告白しました。

Eは担当職員に、「あなたを信頼して話した。誰にも話さないで」と言います。担当職員は、どう対応すべきか迷いつつも、「重大な問題だから」と説得して、Eは、他の職員と相談することについてしぶしぶ了解しました。

職員間での相談の結果、「これは犯罪。Eは被害者。相手を特定し事件として扱うべきだ」との方針が出ました。しかしEはそれ以後、「一切話したくない。あれは作り話」と否認を始めました。

そのため、事実確認をしようと携帯履歴等を見せてほしいとEに求めたところ、ロックをかけてしまいました。携帯電話の保証人は施設長です。電話会社にメール等の履歴開示を求めることはできるのでしょうか。

子ども本人を守るために他の職員・機関等に相談する必要があることを担当職員が本人に説明し、了承を得てから相談した点は適切です。一方的に電話会社に開示を求めることは法的にも不可能で、本人との関係も壊しかねません。再被害を防ぐためにも、売春の危険性を理解してもらい、可能な限り本人とともに対策を講ずるべきでしょう。

子どもとの間の秘密保持の約束

子どもと施設職員・里親等がした秘密保持の約束は、信頼関係を維持し、子どもに「自分は尊重されている」と感じてもらうためにも、極めて重要です。

他方で、本ケースのように、大人から見れば明らかに子どもの保護が必要であるにもかかわらず、子ども自身がそのように感じていない（考えようとしない）場合、子ども自身の意に反しても、保護の対策を講じなければならない場面もあることは事実です。

子どもが、「秘密にしてくれるのであれば話す」と、特定の大人に事実を打ち明けようとする場合、相談を受ける大人は、「自分としてはその気持ちを最大限尊重したいとは思う。しかし、あなた自身の保護のために、どうしても他の大人に相談しなければならないことがあり得る」ということは率直に話すべきでしょう。

また、話を聴いた後に、子どもから「秘密にしてほしい」と言われた場合には、「現在、そして将来のあなたにとってこの問題はとても重要で、かつ、わたし（担当者等）だけで解決できるものではないので、他の者と相談したい。それを了解してほしい」と、子ども本人によく説明をして納得が得られるよう努力します。

本ケースでは、おそらくそれまでの信頼関係があったために、Eさんは、売春という非常に話しにくい問題を、その担当職員にようやく打ち明ける気になったのだと思います。そのため担当職員としては、Eさんの気持ちを最大限受け止めつつも、前記のようにEさんを説得し、了解を得た上で、他の職員に相談できたのだと思います。

性犯罪の事件化とその事実確認

（１）売春を事件化することの是非

性犯罪の被害者の心理は極めてデリケートで、本人自身にその覚悟がないにもかかわらず、周囲が勝手に事件化しようとすることは危険です。性犯罪を刑事告訴し立件する過程で、被害者自身の聞き取り（場合によっては何度も）が欠かせず、それが被害者本人にとって二次被害になり得るからです。→Q12 子どもならば、皆に知られて初めて「大変なことだ」という認識が生まれ、その手続から逃げ出したくなり、翻意をすることも十分あり得ます。

弁護士がこうした性被害者から民事・刑事の相談を受けた時は、まずは、被害者がその手続に精神的に耐えられるか、手続中も適切なサポートを受けられる環境があるかを、かなり慎重に検討します。そういう意味で、「もう一切話をしたくない」と言い、やがて事実を否認するようになってしまったEさんの態度は、当然ともいえます。

このような場合、施設・里親等の側としては、事実確認を強行するよりも、むしろ売春をせざるを得なかったEさんの事情、心情をよく受け止めた上で、売春が、かけがえのないEさんの心身をとても傷つける行為であること、未知の人と密室で接触する時点で非常に危険であること、妊娠したり性病にかかったりする可能性や、将来、家族など大事な人ができた時に、画像や情報の拡散等におびえることになるリスクなどを、Eさんによく理解してもらうように努める必要があるでしょう。

その上で、そのような行為に及んだ原因が例えば進学のための資金が必要であったことにあるのであれば、奨学金など利用できそうな制度についてEさんに情報提供し、売春など自分を傷つける手段に頼ることがないように促すべきでしょう。

さらにもし、今でも加害者からEさんへ接触可能な状態にあるなら、まずは、本人の理解を得た上でEさん自身に電話番号やメールアドレスを変更させるなど、再被害防止のための方策を本人とともに探ることを検討すべきです。

（2）電話会社へのメール等の履歴照会

子どものメールの履歴や携帯電話の発着信などの情報は、子どものプライバシーにかかわります。本人がある程度の年齢に達していることからしても、本人の同意なく開示させるのは、プライバシー保護の観点から適当とは思われません。

また、メールの履歴や携帯電話の発着信などの情報は個人情報でもあるため、親権者などの法定代理人であればともかく、携帯電話の保証人としての地位があったとしても、施設長が電話会社にEのメールや発着信の履歴開示を求めることは不可能と思われます。

一定の年齢になれば、子どもの外での行動を、大人が完全にコントロールすることなどおよそ不可能です。そのため、子ども自身が再被害に遭わないようにするためには、前記（1）でも述べたような具体的な危険性や、Eさん自身がそのような被害に遭うべき軽々しい存在ではないことを、本人によく理解してもらう必要があります。

逆に、メールや通話履歴の開示請求までして事実確認を強行し、本人を問い詰めてしまうと、Eさんはその不信感から施設に戻る気を失い、ますます危険な状況に陥るおそれもあります。

もちろん、Eさんの保護の必要性は高いと思われますが、法的にも、福祉的な支援の点でも、Eさん自身の人権や心情を十分に考慮に入れてより実効的な対策をとることが望ましいと思います。

Question

14

2節　子どもの権利の尊重

親権者が、もう一方の親（非親権者）との面会交流を拒否しています。その効力は？

Q

Fは現在措置中の7歳の子どもです。Fの父母は双方が親権を主張したものの、最終的に父を当時3歳だったFの親権者として、協議離婚をしました。母によれば、父（夫）からDVを受け、一人で育てるには生活の不安があったことなどから、4年前にやむなくFを置いて家を出たとのことです。

その後、父は体調が悪いという理由から、自分では育てられないとして、児童相談所に相談し、Fは6歳から施設に措置されることになりました。

母からはF宛の手紙が施設に毎月届きます。その一方、父は夏・冬休みの外泊時にしか面会しません。Fには母への思慕もあり、よいイメージがあります。しかし、父は母とFとの面会を拒否しています。

Fの気持ちを考えると、母と面会をさせたいと思うのですが、親権者である父の意向はどこまで法的な効力があるのでしょうか。

親権者は、施設長等が児童の福祉のためにとる措置を不当に妨げてはなりません。施設長等は非親権者との面会交流を拒否する親権者の姿勢が子どもの利益を不当に妨げる行為と考えられれば、非親権者と子どもを面会させることが可能です。

施設・里親等監護している者の権限と親権者の親権を調整するガイドライン

非親権者である親との面会交流実施の判断は、子どもの監護に関する判断事項にあたります。親権者の意向と、実際に児童を監護している施設長や里親の判断が異なる場合、「施設長の監護権」と「親権者の親権」との関係が問題となります。

以前は、「施設長は受託中の児童で親権者等があるものにつき、監護、教育及び懲戒に関し、その児童等の福祉のため必要な措置をとることができる」とだけ示されていました（旧児童福祉法47条3項）。

しかし、これでは施設長等の監護権と親権との関係が不明確であったため、２０１１年に、児童虐待防止に向けた親権制度の見直しを目的とした民法等の一部改正が行われました。

改正後の児童福祉法は、「親権者は施設長等が児童の福祉のためにとる措置を不当に妨げてはならない」と明確に規定されました（児童福祉法47条4・5項）。

その翌年、親権者等の「不当に妨げる行為」の具体的な内容や対応について、「児童相談所長又は施設長等による監護措置と親権者等との関係に関するガイドライン」（以下、ガイドライン）が示されました。巻末参照③

親権者等の行為が「不当に妨げる行為」にあたるかの判断基準

ガイドラインでは、親権者等が児童に不利益を与えると考えられる場合として、「児童と親族等の第三者との面会や交流を正当な理由なく妨げる行為」が挙げられています。➡巻末参照③２（２）イ

親権者等の行為が、この「不当に妨げる行為」に該当するかどうかの判断基準としては、親権者等の意向が、子どもの利益を考慮せず、親権者等自身の利益のみを目的としているかどうか、としています。さらに、親権者等は子どもの利益を考慮していると主張するものの、客観的に見て明らかに子どもに不利益を与えると考えられる場合も含まれる、ともしています。

さらに、「不当に妨げる行為」に該当するかどうかを判断する際には、子ども自身の意向を踏まえる必要がありますが、親権者等が子どもに及ぼす影響を考慮し、子どもの真意を見極める必要があることが指摘されています。子どもの意向に沿った場合、客観的に見て明らかに子どもに不利益を与えるおそれがある時は、子どもの意向に沿わない監護措置をとる必要があるとされています。

また、施設長等が、親権者等の「不当に妨げる行為」への該当性や対応方針について判断に迷う場合には、必要に応じて児童相談所に相談するものとされています。➡巻末参照③４

以上のことから、親権者等による非親権者との面会交流の拒否が「不当に妨げる行為」に該当する場合、施設長や里親は、親権者等の意向にかかわらず、子どもの利益のために必要な監護措置をとることができるといえます。

もっとも、ガイドラインでは、できる限り親権者等への説明を通じ理解を得た上で監護措置をとることが望ましいとしています。施設長や里親が親権者への説得を試みても説得できない場合は、

児童相談所が調整を図ること、里親の場合には当初から児童相談所が親権者への説明を行うことが望ましいとも指摘されています。➡巻末参照③4(1)

他方、施設等が非親権者と子どもの関係を十分把握しておらず、判断できないような場合には、非親権者から親権者等に対する面会交流あるいは親権変更調停審判の申立などの手段を検討してもらうことになると思われます。

非親権者と子どもの面会交流を親権者が拒否する場合の具体的対応

親権者ではなくとも、「親」との面会交流は、子ども自身の権利です（子どもの権利条約9条3項）。

離婚後の非親権者との面会交流の意義として、①親から愛されていることの確認、②親離れの促進、③アイデンティティの確立などがあるとされています[＊1]。

2011年の民法改正においても、父母が協議離婚する際に協議で定めるべき子どもの監護について必要な事項として、「父又は母と子との面会及びその他の交流」が定められました（民法766条1項）。

Fさんが、母からも愛されているという思いを実感するためにも、自らの確固としたアイデンティティを育むためにも、母との面会交流を実施していくことは、基本的にFさんの利益にかなうものと考えられます。

本ケースでは、施設としてはまず、父の側から、母と面会させないでほしいと考える理由を丁寧に聞き取ることが重要だと思われます。非親権者が虐待を行っていたということもないわけではないので、子どもの安全確保の観点からも情報収集は重要です。

情報収集の結果、客観的に見て、母との面会が子どもの福祉に反する理由がなく、子どもが母との面会を強く望むようであれば、母と面会していくことが将来に向けてFさんの利益になるであろうことを説明し、父を説得する必要があるでしょう。

それでも父の理解が得られないようであれば、父が面会を拒否する行為が、児童福祉法47条4項「不当に妨げる行為」に該当することを施設から直接説明したり、児童相談所から説明してもらったりすることなども検討します。

こうした説得にもかかわらず、父が、正当な理由なく強硬に母子の面会交流を拒む場合は、施設長の監護権の範囲として事実上面会交流を開始しつつ、母に親権変更調停・審判を申立ててもらうことも検討すべきかもしれません。

他方、父からの聞き取りの結果、子どもの利益の観点から面会交流を開始すべきか施設長等としても判断できない場合には、母から父に対し、家庭裁判所にて面会交流請求調停または審判を申立ててもらい、家庭裁判所の判断に従うことになります。

［＊1］小田切紀子「子どもから見た面会交流」『自由と正義』日本弁護士連合会、２００９年12月号、28～34頁

Column

親権者等が、子どもと父母以外の親族（祖父母等）との面会交流を拒否している……

子どもの父母以外の親族〔祖父母・伯（叔）父・伯（叔）母等〕と子どもに深い絆があるものの、親権者等が子どもとその親族との面会交流を拒否する、といった相談を受けることがあります。

実は、この場合のような父母以外の親族の面会交流と、Q14のような非親権者であっても父母との面会交流（子どもの権利条約９条３項）では、意味合いも対応も大きく異なります。

非親権者である親とその子どもの面会交流とは異なり、父母以外の親族と子どもの面会交流は、子どもの権利と認められるまでには至っていないのです。最高裁も、非親権者の親族が子どもとの面会交流を求めて審判申立をした事案で「父母以外の第三者は、事実上子を監護してきた者であっても、家庭裁判所に対し、子の監護に関する処分として上記第三者と子との面会交流について定める審判を申し立てることはできないと解するのが相当である」〔＊１〕と判断しており、これを法的に実現する手段もない状況です。

もっとも、施設入所中の児童の場合、父母以外の親族との面会交流を否定しておきながら、親権者等自身は全く子どもに関心を示さないため、子どもの自立支援という観点からも、その親族との関係構築をしていくことが子どもの利益のために必要という場合もあるでしょう。この場合には、施設長等としては、なぜ親権者等がその親族と子どもの面会交流を拒否するのか丁寧に確認した上で、以下のような対応が考えられるでしょう。

①親権者等による子どもとその親族との面会拒否の意向が、子どもにとって大切なつながりを失う非常に酷なことであることを親権者等に伝える。

②親権者等の意向が、親権者自身の感情や利益を優先するものであれば、「不当に妨げる行為」に該当し得ると説明・説得する。

③それでも親権者等が納得しない場合、施設長等の判断として、子どもと親族との面会交流を実施する。➡ Q14

〔＊１〕 最高裁第一小法廷決定令和３年３月29日

子どもの意見表明権を尊重するとは？何をどのようにしたらよいのでしょうか？

Q

現在、子どもを委託されている里親です。現場では、今、「子どもの意見表明権」を擁護する取組が推し進められています。子どもたちの意見を表明してもらい、支持することの重要性は、わたしたち里親も強く感じています。

しかしその一方で、例えば、里子と里親の意見に食い違いがあった時、里親が里子の意見を聞き入れなかったために、後にその子どもから「あの時の里親の言葉に傷ついた」と聞かされたりすることもあります。そのような時、自分はその子の権利を本当に守れていたのだろうか、第三者の目のない、家庭内のなにげないやりとりの中で、その子の自由な気持ちを表明できないようにしたり、否定して権利を侵害したりしていなかったかと、里親として大変不安になります。

「子どもの意見表明権」を尊重するとは、権利擁護の観点で具体的にどのようなことを指すのでしょうか。支援者が実践のヒントにできる指標があればお教えください。子どもの一時保護や施設措置中も、どのように扱われるべきか知りたいです。

里親等が子どもの意見表明権を尊重するには、その子ども固有の人格を認め、その意向をくみ取ろうと努力したり、里親自身には意向を表明しにくい場面もあることを踏まえ、子どもが第三者にも意向・心情を表明できる環境と心理的安全性を整えたりすることが大切です。表明された意思は必ずしも実現できないこともありますが、子どもとともによく話し合い、その意見を丁寧に取扱い、その上で子どもにとって最善の利益を確保できる判断をすることが重要です。

「子どもの意見表明権を尊重する」ということは、とても重く、難しい問題です。いくら里親が子どもの意見表明権を尊重しようと意識していても、そこしか頼る先がなく、さらに現実的に選択肢が限られる中で、里子が大人に自分の意思を表明し実現していくということは、とてもハードルが高いことだとも考えられるからです。

しかし、大変重要なテーマです。少しでも実践の足がかりとしていただけるように、以下のように考えてみました。

意思形成レベルでの支援

現在、障害者・高齢者（成年後見）福祉の分野では、意思決定支援について、「意思形成」「意思表明」「意思実現」という段階に分けて分析されています。

これを子どもにあてはめて考えてみましょう。

里親の養育姿勢・方針は里子の意思形成に大きな影響を及ぼします。とはいえ、里子は里親とは別の人格ですから、当然、別個の意思［＊1］を形成することがあり得ます。

むしろ、そういう独立した意思を形成できるように、自分で考えていくことができるように養育していくことが里親には求められていると思いますし、里子が自己主張できていれば、里子が自律した人格形成に向けて順調に成長している証と考えてもよいでしょう。まずは、里子が一人の人間として、里親と別個の意思を形成する主体であることを真正面から認めることが、子どもの意見表明を根底から担保することになります。

なお、認知症の方の意思形成支援の場面についてではありますが、意思を形成していくためには、必要な情報が提供されていること、本人に理解できるよう、わかりやすい言葉や文字にして、ゆっくりと説明されていることが前提とされています[＊2]。

例えば、里子が、リスクのあるアルバイトを始めたいと希望している場合、そのアルバイトに関するニュートラルな情報が、子どもに理解できるような形で提供されていることが、まず意思形成支援の前提として重要となります。その上で、そのアルバイトをしたいという子どもの真の目的がどこにあるのかを本人が気付けるように対話し、その気付きを踏まえて、他のとり得る選択肢と比較してもなおそのアルバイトを選択するメリット・デメリットを子どもと一緒に考えていくといったプロセスが、「意思形成支援」ということになります。

意思表明レベルでの支援

里子が意思を形成できたとしても、これを外部に表明していく（多くは一番身近にいる里親に向けて）こと自体、里子にとっては困難ということも大いにあり得ます。

その原因は、いろいろ考えられます。例えば、乳幼児の里子で、その意向あるいは心情を外部に表現する能力を十分に有していない場合は、周囲の大人が、言語としては必ずしも表れない里子の心情をくみ取るための工夫が求められるでしょう。里子にはそれぞれ個性があり、里親がその把握に困難を感じたら、児童相談所やその他支援機関に、積極的に里子の表現を理解するための専門的支援（心理職の支援など）を要請してよいと思いますし、それが養育の委託を受ける側の責任としてあるべき姿とも思います。

小学生など、ある程度言語での表現ができるようになる年齢の里子であっても（虐待を受けた子どもによくみられるように）、自身の意向や心情等を、言語的に把握・表現することができず、不適切な行動として表現してしまった結果、里親との関係が悪化してしまう場合もあるでしょう。そのような場合にも、何が里子の不適切な行動表現の原因となっているか、里親は（各種相談や支援を受けながら）、専門的なアセスメントをすることが必要です。

他方、里子が里親との関係を大切に思い、関係悪化を恐れて、自分の意向や心情を表明できず我慢している場合もあるでしょう。こういった場合には、里親との関係を懸念することなく、里子がその心情・意向を表明し、その心情・意向について相談できる適切な第三者が必要です。

里親が里子に「自分の心情・意向を表明することができる第三者がいる」という情報を提供し、また話しやすい環境を整えるようにすることは、措置児童に責任をもつ児童相談所等の責務です。そのため、児童相談所等から措置される子どもに配布される『子どもの権利ノート』などを通じて、具体的な相談先が説明されることが必要です。

一方で、里子にとっては、常日頃関係性のない大人への相談はハードルが高いものです。身近にいる里親が里子に対し、「外の人に相談してもいいんだよ」と普段から伝えておくことで、「里親さんも相談を許してくれている」というメッセージが里子に伝わり、里子から外部への相談のハードルを下げることにもつながるでしょう。

このように、里子がその意向や心情を誰かに表明できるように、周囲の大人が個別具体的な状況に応じた配慮をしておくことも、子どもの意見表明を助けることになります。それは結果的に里親と里子とのコミュニケーションを促進することになるので、里親にとっても長期的にはプラスになり得ることです。

施設の場合、この意思表明レベルでの支援については、なによりもまずは日常生活の中で職員が子どもの話を聴くということが重要となります。ここには、子どもが「言葉」で表現することのみならず、子どもが態度で表現する心情に気付くということも入ってくるでしょう。自立支援計画を策定する中でのやりとりも、子どもが意向を表明する一つの機会になるかもしれません。

職員に言いにくいことなら、第三者委員との定期面談、意見箱への投函、アンケートの利用、子どもが主体的に話し合える場としての子どもたちによる自治会・子ども会などを通して表明する方法もあります。ただし、これらが有効に機能するためには、施設内に、子どもが安心して外部への意思表明ができる雰囲気があることが重要です。

意思実現レベルでの尊重

では、そのハードルを越えて表明された子どもの意向を、大人はどのように扱えばよいのでしょうか。

これは意思実現のレベルとなります。

例えば、この服を今日着ていきたいといったような、特段他者の利益を害さない、容易に実現できる意思表明については、それを尊重することで、子どもが「自分は人として尊重されている」（人格的自律権がある）と実感することにつながります。それは子どもの自律的な自己形成に貢献することになるので、極力尊重するべきでしょう。

では、（1）輸血拒否や援助交際など、里子の人格的自律権の前提となる存在や安全を脅かす意向・心情の表明、あるいは（2）送迎を要する習い事の希望など、里親等他者への影響を伴うような意向・心情の表明へはどのように対応すればよいのでしょうか。

（１）里子本人の利益を害する意向・心情表明への対応

輸血の拒否など生命身体の健康や安全を損なうような意向・心情の表明については、およそそのまま受け入れることはできません。しかし、こうした医療判断は、里子の年齢や発達段階に照らし、親権者や児童相談所の判断が優先される場合もあります。そのため、このような場合には、里親は児童相談所に相談するのが適当でしょう。

勉強の拒否や長時間のゲーム傾倒なども、当該里子の学習権や最善の利益の観点からも、本人の要求のまま受け入れることはできないでしょう。もっとも、そもそも里子本人の意欲が学習に向かわないままでは学習効果も期待できません。このような里子本人の意向・心情の表明は、その意思を受け止めつつも、里子の学習意欲を損なっている原因や、ゲーム時間を調整する方法などにつき、本人とよく話をする必要があります。

（２）他人の利益との調整が必要となる意向・心情表明への対応

例えば里親の遠方への送迎が必要な習い事など、時間・費用的に難しい希望が出された場合はどうでしょうか。この場合、里子がなぜその習い事をしたいのかを引き出し、より近くで目的を果たす方法はないのか（オンライン学習など）、他に送迎してもらえる人がいないかなど、生じている課題について、里子とアイディアを出し合いながら、いろいろ話し合うことができるでしょう。

それでもどうしても実現が難しければ、実現できない理由をきちんと里子に説明しましょう。

子どもの意見の尊重とは、子どもの意見を必ず受け入れなければならないということではありません。このように、結果はその内容や状況によるとしても、表明された意見を丁寧に扱うことも、意見表明を尊重することになります。

学校における他害など虐待を受けたことなどが原因で、感情のコントロールが難しく、他害につながってしまうような、里子本人のみではその行動を制御できない子どもの場合には、専門的な知見に基づいてアプローチする必要があります。里親の場合は特に、児童相談所など外部の専門機関と密に連携してアセスメントを受け、対応方法について助言を受けることも非常に大切です。

子どもと話し合い理解する姿勢を

未成年の子に対する両親の配慮義務・権利について定めたドイツの民法1626条2項では、「両親は、子の監護及び教育において、子が独立して責任を自覚した行動をとることができる能力が発達し、それに対する意欲が高まることを考慮する。両親は、子の発育の程度にふさわしい限りで、子とともに親の配慮の問題について話し合い、相互理解に努める」と規定しています[＊3]。ドイツ法で親の配慮とは、親の養育責任、日本でいう親権のようなものです。

ここでは、父母が必ず子の意思に従わなければならないということではないものの、子どもの養育にかかわることについては、父母は発達の度合いに応じ子どもの意思を考慮し、子どもと話し合うことが求められています。子どもを一人の人格として接することについて、国際的には、親にこのような姿勢が求められている例もあるのです。

[＊1] 子どもの権利委員会 一般的意見7号（2005年）は、乳幼児期における子どもの権利の実施につき、国連子どもの権利委員会の見解を提示している。この中では、「もっとも幼い子どもでさえ、権利の保有者として意見を表明する資格があるのであり、その意見は『その年齢および成熟度にしたがい、正当に重視され』るべきである（第12条1項）」「乳幼児は、話し言葉または書き言葉という通常の手段で意思疎通ができるようになるはるか以前に、さまざまな方法で選択を行ない、かつ自分の気持ち、考えおよび望みを伝達しているのである」と指摘されている。本書では、この一般的意見7号で指摘されている子どもの気持ち、考え及び望みも含めた意向、心情を含めて「意思」と表現している

[＊2] 厚生労働省「認知症の人の日常生活・社会生活における意思決定支援ガイドライン」2018年6月、7頁

[＊3] 法務省大臣官房司法法制部「法務資料第468号　ドイツ民法典第4編（親族法）」2022年12月

Column

児童相談所に里子を一時保護され里親委託を解除されてしまった……

恒常的に受け皿が不足する中、対応が難しく本来専門的ケアが必要な里子（例えば被虐待児童など）が、里親に委託されている実情があるようです。そのような中、里親から、「里子と一生懸命向き合ってきたつもりだが、児童相談所から里子を一時保護（または委託解除）すると伝えられた。どう対応したらよいか」といった法律相談を受けることがあります。

親子関係同様、家庭的養育には人（里親）と人（里子）との密接な人間関係があります。里子は親子関係に何らかの問題を抱えて委託となっているのですから、人間関係の構築に困難を伴う特性をもつ場合もあるでしょう。里親も個性をもつ人間ですから、その里子の具体的な個性・特性を受け入れられるかどうかは、里親子間の相性の問題ともいえます。

里親子の関係性に何らかの不調をきたした場合、それは環境調整によって関係を維持できるのか、そもそも相性の問題なのか、そうした客観的アセスメントのために一時保護が必要になる場合もあります。その結果、里親子の相性の問題と判断されれば、早期に委託解除された方が、双方のより深刻なダメージを回避することになるかもしれません。そのためにも、早期または適切な段階で児童相談所やフォスタリング機関からの支援を受け入れられることは、むしろ里親として必要な資質なのかもしれません。

なお、仮に里親子間の相性の問題と評価され、結果的にその里子は委託解除となっても、必ずしも後に続く里子との関係も同様というわけではありません。ある里子には有益な対応でも、他の里子には耐えられず心理的虐待と評価されることもあり得るからです。

対応の難しい里子が委託されることが増えている中、そうした里子の一時保護や委託解除は、その里親を否定するものとはいえません。実親子関係でも同じですが、親子双方が無理を重ねて不測の事態を招くことがないようにすべきだと思います。

結果的に、当該里子につき、一時保護・委託解除となったとしても、それが双方の関係性が決定的に悪化する前であれば、後に里親宅で過ごした日々がその里子にとって生きる糧になることもあるでしょう。

子どもの意向・希望は、措置延長や社会的養護自立支援事業利用などの法的な決定に影響しないのでしょうか？

Q

Gは幼少時、深刻な虐待のため児童福祉法28条（現在は同意入所）で児童養護施設に入所しました。

Gは現在18歳となり、特別支援学校高等部を卒業後、障害者雇用枠で企業へ就職することが決まりました。

Gは、長期にわたる施設生活で回復と成長を遂げてきました。しかしこのたび社会に出ていくにあたり、強い緊張と不安を抱いています。障害者向けグループホームなどを検討していましたが、生活場所の変更に対する不安が強く、現在の施設での入所継続を希望しています。主治医や施設の見立てでも、当面の措置延長が必要と考え、児童相談所にその旨を伝えました。

しかし、児童相談所と両親は、早期の施設退所と自立を望んでいます。児童相談所の職員からは、「早く障害福祉サービスに移行してほしい」と言われ、協議は平行線をたどっています。

このような場合、本人の意向を尊重し、施設、または里親宅での生活を継続できる手立てがありますか。

A

入所措置や解除にあたり、子ども等の意向が児童相談所の方針と一致しない場合は、児童福祉審議会の意見を聴取しなければならないとされています。さらに、子どもの意見表明権を実効的に保障する方向で児童福祉法が改正されており、2024年4月からは、措置開始・解除時の子どもの意見聴取が義務化されます。一方、18歳以上の入所者が措置解除決定を不服に思う場合は、本人が行政不服審査申立を行うことができます。

「子どもの意見表明権」保障の流れ

児童福祉法の原理として、まずは子ども本人の意見が尊重されるべきことが示されています。児童福祉法1条では、「児童の権利に関する条約の精神にのっとり」と規定し、2条は「社会のあらゆる分野において、児童の年齢及び発達の程度に応じて、その意見が尊重され、その最善の利益が優先して考慮され、心身ともに健やかに育成されるよう努めなければならない」と、子どもの権利条約12条（意見表明権）・3条（最善の利益）の趣旨に言及しています。また、児童福祉法3条では、「前2条に規定するところは、児童の福祉を保障するための原理であり、この原理は、すべて児童に関する法令の施行にあたって、常に尊重されなければならない」と規定しています。

そして、児童福祉法施行令32条では、都道府県知事は措置の解除、停止、変更及び在所期間の延長（以下、措置の解除等）について、子どもまたはその保護者の意向が児童相談所の方針と一致しないなどの場合、都道府県児童福祉審議会の意見を聴取しなければならないとされています。また、2016年の児童福祉法等改正では、この児童福祉審議会において、特に必要があると認める時は、子ども自身の意見を聞くことができるとされました（児童福祉法8条6項）。

その後、子ども本人や社会的養護の現場等に調査・検討を重ねてきた厚生労働省の「子どもの権利擁護に関するワーキングチーム」は、2021年5月にとりまとめを発表しました。そこには、実効的な意思表明の機会の確保や、措置機関から独立した意思表明支援員の配置、さらには子ども家庭福祉政策の決定プロセスに子どもを参画させるなど、行政側は子どものアドボケイトを実質的に担保する仕組みを構築すべきである、といった内容が盛り込まれています[＊1]。

こうした報告書や、令和3年度社会保障審議会児童部会社会的養育専門委員会報告書などを踏まえて、措置時・措置解除時の子どもの意見聴取等の仕組みの整備や、社会的養育経験者等の意見・意向を踏まえた上での自立生活支援の強化などの内容を盛り込み、児童福祉法改正案（以下、2022年法改正）が2022年6月8日に可決成立しています。→Q7

子どもの意見表明担保の方向性

前記の通り子どもまたはその保護者の意向が児童相談所の方針と一致しないなどの場合は、都道府県児童福祉審議会の意見を聴取しなければならないとされていますが、そもそも、児童福祉審議会に持ち込まれるかどうかは児童相談所の判断によっている、というのが現状と思われます。

現状子ども自身が直接児童福祉審議会へアクセスする手段は、各自治体で異なるようですが、子どもの権利擁護を推進する自治体のためのガイドライン[＊2]では、子ども本人が電話やはがき等で意見表明をする方法と、施設職員等に依頼し意思表明支援員を呼び寄せて意見表明する方法の2種類が提示されています。

2022年法改正では、措置や措置解除時において子どもの意見聴取が義務化され（改正法33条の3の3）、その聴取される子どもを対象に、児童の福祉に関し知識または経験を有する者が子どもの意見・意向を把握することが求められています（改正法6条の3第17項）。

２０２２年法改正の施行は２０２４年４月に予定されていますが、２０２２（令和４）年度から児童虐待・ＤＶ対策等総合支援事業を活用して施行に先立ち実施できるようになっています［＊3］。

措置解除決定に対する行政不服審査請求申立

児童相談所の措置解除決定は、行政不服審査請求の対象となります。成人年齢引下げにより、高校卒業まで措置されていた入所者は成人年齢に達しているでしょうから、本人が行政不服審査請求申立を行うことができます。

この申立は、基本的には処分の効力・執行・手続の執行を止めることができないのですが、必要があると処分庁の上級行政庁または処分庁たる審査庁が認める時には、審査請求人の申立あるいは職権で、処分の効力、処分の執行、または手続の続行の全部または一部の停止、その他の措置（以下、執行停止）をとることができるとされています（行政不服審査法25条）。

申立を行ったとしても、措置延長されずに施設にいることができなくなれば、事実上、他の環境に移らざるを得なくなってしまいます。それを避けるため、措置解除決定に対して不服審査を申立てる場合には、執行停止もあわせて行う必要があり、弁護士等法律家の支援が必須といえます。

対象者自身が申立てを希望する場合には、日本弁護士連合会の「子どもに対する法律援助」Q42 Q43を利用するなど、施設が適切に弁護士につなげ、法的な支援を得られるようにしてあげることが必要です。

20歳以降の自立支援強化の方向性

本ケースでは18歳で措置延長を拒否されています。

従前、里親等への委託や、児童養護施設等への施設入所措置を受けていた者で18歳（措置延長の場合は20歳）到達によって措置解除された者のうち、自立のための支援を継続して行うことが適当な場合には、社会的養護自立支援事業において、原則22歳に達する日の属する年度の末日まで、個々の状況に応じて引き続き必要な支援が提供されることになっていました。

2022年法改正(施行は2024年4月)では、自立支援の年齢の上限が撤廃されます。児童等が置かれている状況や児童等の意見・意向、関係機関との調整も踏まえた上で、措置解除または措置延長以降は児童自立生活援助事業として、児童養護施設、自立援助ホーム及び里親宅等で、都道府県等が必要と判断する時点まで引き続き自立支援を受けることが可能になると思われます［＊4］。

［＊1］　厚生労働省『「子どもの権利擁護に関するワーキングチームとりまとめ』の公表について」

［＊2］　三菱UFJリサーチ&コンサルティング「子どもの権利擁護に新たに取り組む自治体にとって参考となるガイドラインに関する調査研究報告書（平成30年度子ども・子育て支援推進調査研究事業）」2019年3月

［＊3］　厚生労働省雇用均等・児童家庭局長通知「社会的養護自立支援事業等の実施について」2022年3月31日付／子発0331第2号

［＊4］　厚生労働省　令和3年度全国児童福祉主管課長会議　説明資料3「児童福祉法等の一部を改正する法律案関係」1．児童福祉法等の一部を改正する法律案について（3）社会的養育経験者・障害児入所施設の入所児童等に対する自立支援の強化　参照　2022年3月22日

Column

本人の福祉VS意見表明の尊重で悩ましい……

施設などでは措置延長が積極的に行えるようになり、選択肢が増えた一方で、成人年齢引下げの法改正もあり、支援者としては本人の福祉と意見表明の尊重の葛藤も課題になっているのではないでしょうか。

法改正前ですが、筆者も、子どもの高校卒業・施設退所後の財産管理を心配した施設から要請を受けて、未成年後見人候補者として18歳を目前にした子どもと面談し、財産管理について説明をしたことがありました。しかし、本人からは明確な拒否があり、未成年後見人選任申立に至りませんでした。

福祉的支援がまだ必要と思われるものの本人が施設を退所したいという場合、子どもが高額商品を買ったり、児童手当も自己判断で使えるようになったり、外泊・外出も自己決定、ということでいいのか……。こうした問題をどう考えるべきかは難しい問題です。

施設からの外泊・外出時の制約といった、施設の秩序維持に最低限必要な条件を了解して施設に入居しているという場合であっても、成人年齢に達していれば、本人の意向に反して施設側の決定に従わせる方法はありません。成年後見の場面で用いられている意思決定支援ガイドライン[＊1]においても、本人の示した意思は、それが他者を害する場合や本人にとって見過ごすことのできない重大な影響が生ずる場合でない限り、尊重されるものとされています。したがって、本人が最終的にどうしても施設を退所する、高額商品を購入する、自分名義の資産を消費するのであれば、それは第三者たる施設には阻止し得ないというしかありません。

もっとも、ここでも前記の意思決定支援と同様に、その意思決定をするにあたり、ニュートラルな情報が提供され、真の目的がどこにあるのか、他のとり得る選択肢と比較してもその方法を選択するのかといった点につき、丁寧に対話した上で、本人が納得してその手段を選択するというプロセスは、本人がその選択の結果を自身で引き受けるためにも必要です。その意思決定支援を尽くすところに、施設の役割・意義があるように思います。

[＊1] 意思決定支援ワーキング・グループ「意思決定支援を踏まえた後見事務のガイドライン」2020年10月30日

子どもに無断で、部屋に入って机の引き出しを開けるのはプライバシーの侵害ですか？

Q

施設に入所している小学校5年生のHは、以前、プレイルームから人形を持ち出したようです。宿題を見に入室した職員に尋ねられて、やっと告白しました。

今回、同じく入所中の子どもから、「わたしのメモ帳がない」「Hちゃんと遊んだ時に最後に見た」と訴えがあり、状況からして持ち出したのはHしか考えられないのですが、Hは知らないと言います。

このような場合、Hの登校中に、施設職員が彼女の机の中を見てもいいものでしょうか。本人に言えばどこかに隠すでしょうし、職員が管理すべきとも思います。

以前施設に、学校でお金や物を癖のように盗ってしまう高校生の子どもがいました。その時、登校中に職員が毎日部屋に入って私物を確認すると、他人の持ち物がたくさん出てきました。たばこを隠し持っている子どもも、自ら持っているとは絶対に言いません。

このように施設職員が対応することは、子どものプライバシーの侵害になるのでしょうか。また、里親委託されている家庭ではどうでしょうか。

子どものプライバシー権の点から、子どもの持ち物検査には、原則子ども本人の同意が必要です。他者による子どもの権利侵害のおそれがあり、事件・事故を予防するなどのためにやむを得ず検査をする場合でも、検査の必要性や合理性などを慎重に判断する必要があります。

子どもの持ち物の検査に子どもの同意は必要か

施設でも、里親宅でも、子どもの同意を得ずにその所持品を検査することは、子どものプライバシー権の侵害に該当します。

子どもの権利条約は、「いかなる子どもも、プライバシィ、家族、住居または通信を恣意的にまたは不法に干渉されず、かつ、名誉および信用を不法に攻撃されない」（16条1項）［＊1］と定めています。

国連・子どもの権利委員会も、日本の状況に対し、特に子どもの所持品検査など、子どものプライバシー権が完全には尊重されていないこと、施設の職員が、子どもの個人的通信に介入できることを懸念し、私物の検査に関するものを含む子どものプライバシー権を全面実施することを確保することを勧告しています［＊2］。

特に施設は、「児童福祉施設は、入所している者の人権に十分配慮するとともに、一人一人の人格を尊重して、その運営を行わなければならない」（児童福祉施設の設備及び運営に関する基準5条）とされています。さらに、「子どものプライバシー保護に関する規程・マニュアル等を整備し、職員に周知するための取組を行う。通信、面会に関するプライバシー保護や、生活場面等のプライバシー保護について、規程やマニュアル等の整備や設備面等の工夫などを行うもの」とされています。

➡巻末参照 ① **第Ⅱ部各論4（1）④**

こうした子どもの権利擁護という視点に照らしても、その後の職員（または里親）と子どもとの信頼関係の維持という観点からも、所持品検査を行わなければならない場合は、原則、子どもにその必要性を丁寧に説明し、子どもの同意を得た上で行われるべきでしょう。

所持品検査における合理性の判断基準

原則は前記の通りだとしても、施設や里親宅では、たばこを隠し持っているなど、その子どもの健康被害や事件・事故の予防、子ども自身、または他の子どもの生命・身体、その他権利侵害が生じる可能性といった観点から、子どもの同意を待たずに所持品検査を検討せざるを得ない場合もあるでしょう。

この点、米国では、公立学校における所持品検査につき、「全ての状況を考慮しての合理性の基準」によるべきであるとの判断が出されています。ここでは、以下の基準に適合していれば、検査は合理的なものとして許されるとされています。

①検査が始まった時、その生徒が法律や校則に違反しているという証拠が、検査すれば発見されると考える合理的理由がある（必要性）
②検査をするためにとられた手段が、検査の目的にかなう範囲内にあり、生徒の年齢、性別、違反行為の性質に鑑みて過度に侵害的でない（相当性）

米国の基準が日本でそのまま通用するわけではありません。しかし、例外的に子どもの同意を得ずに所持品検査を行わざるを得ないような場面でも、その違法性が問われないよう、前記①②のような基準を参考に、その必要性（放置しておくことのリスク）及び手段の相当性（アンケートやヒアリングなど、他により侵害的でない適切な手段がないのか）といった観点で、施設・里親において慎重に検討してから行われるべきものと思われます。

［＊1］国際教育法研究会訳

［＊2］国際連合 子どもの権利委員会の総括所見：日本 2004年2月26日プライバシー権「33・委員会は、児童のプライバシー権が完全に尊重されていないこと、特に、児童の持ち物に対する検査や施設職員が児童の私信に介入する点について懸念する　34・委員会は、締約国に対し、（a）私信の尊重や持ち物検査の点も含み、児童のプライバシー権が完全に実施されるよう確保すること、（b）児童福祉施設の最低基準を条約第16条と適合するよう改正することを勧告する」

子どもが自分の生い立ちを知りたがっていますが親が真実告知に反対しています

Q

中学校1年生のＩは、父母の身体的虐待により施設に入所しました。Ｉは現在の母を実母と思っていましたが、虐待が始まって「あなたは父親の連れ子でわたしの実の子ではない」と言われたそうです。それをずっと気にしていたＩは、施設入所後、児童福祉司に「自分の実の母のことを教えてほしい」と求めるようになりました。児童相談所・現在入所中の施設は父から聞き、Ｉの実母の所在地等を知っています。しかし、Ｉは現在の実父と継母との関係が悪く、特に継母はＩが自分に拒否的なため、よけいに実母の話をすることに抵抗があるようです。児童福祉司が父母に事情を話すよう頼みましたが、「決して話さない」との回答でした。

思春期の子どもの多くは、自分のルーツや生い立ちを見つめ直すようになります。親権者（保護者）が真実告知や過去を話すことに拒否的な場合、施設職員や里親が本人に話すことはできないのでしょうか。また、知らせる場合でも、どこまでの事実を伝えていいのでしょうか。

今、真実告知をすることが子ども自身の利益になると考えられる場合、親の反対があっても、施設長は、児童福祉法に基づいて真実告知を行うことができます。しかし、告知する内容や本人の受け止め方によっては、時期やその後のフォローの検討も重要です。何がその子どもの最善の利益か、施設・里親・児童相談所など関係機関で連携し、情報共有・役割分担を明確にして真実告知を進める必要があります。

親の意思に反して真実告知を行ってもよいか

子どもが、自分の生い立ちを知ることは自分自身を知ることであり、自分とは何かを考え、自分を形成していくために極めて重要な子どもの権利であることはいうまでもありません（子どもの権利条約7条1項）。

昨今、真実告知については、できるだけ早くから、一度に限らず数回にわたって伝えていくことが望ましいとされているようです。本ケースにおいてももっと早い時期に、親から丁寧な真実告知がなされているべきだったといえるでしょう。

しかし、時期が遅れたとはいえ、今現在Iさん自身が真実告知を求めてきており、それが本人のアイデンティティの形成、すなわち子ども自身の福祉に必要不可欠である以上、施設としては告知する方向で検討することになるでしょう。

もっとも、本ケースでは特に継母が告知に反対しています。基本的に、このような重要な事実の告知といった事項は親権者の監護教育権に含まれると考えられますが、施設長や里親は入所中の子どもの福祉のため、その監護・教育に必要な措置をとることができるとされており（児童福祉法47条3項）、親権者等はその措置を不当に妨げてはならないとされています（同4項）。➡Q14 ➡巻末参照③

今回、Iさんの意に反して真実告知を不当に遅らせることが、本人をいたずらに苦しめることにつながり、本人の利益にならないと判断できる状況であれば、施設長の権限において真実告知を行ってもよいと考えられるでしょう。他方で、近々に家庭復帰が予定されているなど、真実告知を親の判断に委ねた方がよい場合もあるかと思います。

真実告知の時 どう本人をフォローするか

施設等において本人をサポートすることができる間に、真実告知を進めるのが望ましいと判断される状況にあったとしても、その真実がIさんにとって非常に残酷な内容である場合もあり得ます。本ケースの場合、Iさんが真実告知を求めている状況は、特に両親との関係に不調をきたしているというセンシティブな状況下です。そのため、内容によっては、今現在のIさんには受け止めきれないかもしれません。

「里親及びファミリーホーム養育指針」では、真実告知は行うという前提で示されています。その上で、同指針では、「真実告知」とは単に血縁上の親が別にいることや養育者と血のつながりがないこと等の事実を告げることではなく、「この世に生を受けたことのすばらしさ」や、子どもの生い立ちなどについて、うそのない「真実」として伝えることとされています。

また、その伝え方も、同指針は、子どもの発達や状況に応じ、子どもがどう受け止めているかを確かめつつ、少しずつ内容を深めていくことが大切であると指摘しています。

さらに、真実告知のタイミングも、児童相談所や支援機関と相談の上、行われることが望ましいとされています。➡巻末参照② 第Ⅱ部各論Ⅰ（6）

Iさんの場合、仮に措置中に真実告知をするということになったとしても、Iさんの現在の心理状態などに十分配慮の上、児童相談所等と相談して、告知するタイミングや内容を決めていくことになるでしょう。さらには、真実告知は実母と接した記録のある児童相談所が行い［＊1］、その後のフォローは施設の心理職が行うなど、役割分担などもあわせて検討することになると思われます。告知により、Iさん自身が医療機関の関与が必要なほど精神的に不安定になることもありますので、児童相談所等には、フォローしてもらえる児童精神科医療職との連携も相談しておく必要があるかもしれません。

［＊1］　里親の場合には、実母の情報をもっているということはあまり考えられないため、もっぱら児童相談所が真実告知をすることになると思われる

特別養子縁組で成長した本人が乳児院へ職員はどこまでをどのように真実告知すべきでしょうか？

Q

特別養子縁組ののち成長した本人が、退所した乳児院や施設、乳幼児期を育ててくれた里親に、自分の出生の状況や実親の情報を求めて訪問してくることがあります。

真実告知が原則とはいえ、施設なら対応職員の入職前のケースも多く、本人の現状がわからない状態でどこまでをどのようにお伝えしていいのか、口頭で伝えるべきか、記録をそのままお見せすべきかなど、迷ってしまうことも多くあります。

このような場合にどう対応した方がよいのでしょうか。本人が未成年の場合には、何か異なる配慮が必要でしょうか。

また、本乳児院では、これまでに退所した乳児たちの退所までの経緯・記録を施設内に保管しています。ご本人にとっては大切なものなので、前述の場合に備えてかなり古いものもありますが、場所も手狭になってきています。こうした公文書として の記録は、保管しておくべき期間が法律上定められているのでしょうか。

本人が未成年の場合、出生や実親について情報提供をするかどうか、どこまでするのかについては、児童相談所や養親と相談してから行う必要があります。また、本人が成人の場合は、本人や第三者の利益を害する場合など以外は、原則として本人に真実を告げることになるでしょう。子どもの記録については、児童養護施設等は各施設の規程等で保存期間を決めることができます。

出自の情報を開示するかどこまでするか

ここでは、特別養子となった本人が、自分の情報の開示を求めて、退所した乳児院や施設に来た時の対応が問われています。

本人が未成年の場合とそうでない場合に分けて考えてみましょう。

(1) 本人が未成年の場合

本人が未成年の場合、「本人に伝えるか」「何をどこまで伝えるか」は、基本的には親権者の監護教育権の範囲内です。➡Q18 本人が養親のもとで生活しているのであれば、真実告知の内容やそのタイミングについては、養親がその責任において判断すべき事項と思われます。施設としては、本人の了解を得た上でまずは養親と連絡をとり、どういう経緯で施設に情報を求めてきているのか、本人の状況はどうなのか、開示してフォローできる体制は整っているのかなどを踏まえて、開示するのか、するならどこまで開示するのかなど、本人の最善の利益という観点からよく相談することになるでしょう。

なお、2016年の児童福祉法改正により、同法11条1項2号チに、都道府県等の業務として、養子縁組により養子となった児童、その養親となった者等への支援が規定されています。また、児童相談所運営指針においても、児童相談所は、養子縁組成立後の支援として、その求めに応じ、必要な情報の提供、助言その他の援助を行うとされています。ここでは、特に真実告知について、「子どもにいつ、どのように伝えるかが大きな悩みとなる場合が多い。子どもにとって、自分の出自を知ることは大切な権利であり、養親自らが自分の言葉で愛情をもって子どもに伝えることが非常に重要である」「児童相談所は、この『真実告知』の重要性とともに、伝えるのに望ましい時期や具体的な方法について助言を受け、あるいは告知を経験した先輩の体験談を聞くことが出来る場を紹介するなど、必要な支援を行う」[＊1] などとされているので、児童相談所や養親と調整することが適当でしょう。

（2）本人が成人の場合

本人が成人の場合、本人は、個人情報取扱事業者や行政に対して、自分の情報を開示する請求権をもっています（個人情報保護法33条、76条等[＊2]）。

そのため、本人または第三者の生命、身体、財産その他の権利利益を害する恐れがある場合など一定の例外事由（個人情報保護法33条2項各号、78条等）に該当する場合以外は、原則開示すべきであるということになります。

もっとも、実親の情報は他人の個人情報でもあるため、個人情報開示請求では開示されない事実もあります[＊3]。

実親が誰かを知りたいという場合には、特別養子縁組では、現在の戸籍から子ども本人を筆頭者とする単独戸籍、子ども除籍前の実親の戸籍と、戸籍をたどることで実親がわかるようになっているため、その手段を伝えるというのも一つの方法です。

記録の保存について

公文書としての記録の保存については、都道府県の文書管理規則等に規定された保存期間、児童相談所等が保存することになります［＊4］。

民間の施設に関しては、児童養護施設運営指針で、「子どもや保護者等に関する記録の管理について、規程を定めるなど管理体制を確立し、適切に管理を行う」➡巻末参照①第Ⅱ部3（2）②とされており、保存期間については各施設の規程に基づいて保管することとなります。

［＊1］厚生省児童家庭局長通知「児童相談所運営指針」2022年3月30日付／子発0330第5号、第4章第3節「5．養子縁組成立後の支援」（2）（3）

［＊2］2021年の個人情報保護法改正により、国・地方自治体の有している個人情報も個人情報保護法により規律されることになった。同改正は2023年4月1日に全面施行された

［＊3］例えば、妊娠の経緯などのような、実母本人のプライバシーにかかわることなど

［＊4］「児童相談所運営指針」（2022年3月30日付／子発0330第5号）第3章第2節8（4）では、児童記録票の保存期間につき、次のように定めている

「児童記録票の保存期間については以下のとおりとする。ただし、養子縁組が成立した事例（中略）は永年で保存するとともに、棄児・置き去り児の事例で下記の措置を解除した場合など、将来的に児童記録票の活用が予想される場合は長期保存とする。

①法第27条第1項第3号、第4号及び第2項の措置（これらの措置とみなされる措置を含む。）をとった子どもの児童記録票は、その子どもが満25歳になるまでの間。

②法第26条第1項第2号及び第27条第1項第2号の措置をとった子どもの児童記録票は、その子どもが措置を解除されてから5年間。

③①、②以外の援助を行った子どもの児童記録票は、その取扱いを終了した日から5年間」

施設・里親が撮った子どもの写真広報誌などに掲載してもよいですか？

Q

児童養護施設をはじめ、社会的養護のもとで暮らす子どもたちには、子どもの心身や情緒の発達のために、広報誌に掲載され誇らしく感じたり、支援してくれた方々と楽しんだ時間を写真を通じて共有したりすることも重要だと思います。

しかし現在では、個人情報保護の観点から、入所児童の写真には慎重な取扱いが求められています。子どもの入所先を保護者に開示していないケースでは、ホームページへの掲載など不特定多数の目に触れる取扱いには十分に注意しており、施設や里親の活動を啓発する広報誌でも、子どもの顔写真は載せない、または後ろ姿にする、ぼかしを入れるなどの対応を行っています。子どもの情報を守る立場と、子どもにゆたかなつながりのある養育を行う立場との折り合いをどうつけるか迷うことが多くあります。法的な観点から、撮影した子どもの写真の広報誌・ホームページ等への掲載の是非や、取扱いの注意点をお教えください。

広報誌への子どもの写真掲載だけでは、個人情報保護法上の「情報の外部提供制限の対象」にはあたりません。しかし、本人に無断で掲載すれば肖像権の侵害にあたること、実親に所在地を隠したい子どもの安全を脅かす場合もあることなど、それぞれの子どもの事情を踏まえて、慎重に判断する必要があるでしょう。

広報誌等への子どもの写真掲載は個人情報保護法上問題となるか

個人情報保護の観点から説明するために、まず、個人情報保護法について説明します。

個人情報保護法は行政機関や個人情報取扱事業者が個人情報を取扱う際の義務などを定めた法律です。この法律では、「個人情報取扱事業者」が、「個人情報」を原則本人の同意なく取得することや、取得した「個人情報」を検索できるように整理したもの（これを、個人情報保護法で「個人情報データベース等」と呼んでいます）の中のそれぞれのデータ（「個人データ」）を本人の同意なく、あるいは法令の定めにないにもかかわらず外部に提供することを禁止しています。

ここでいう「個人情報取扱業者」とは、前記の個人情報データベースを自身の事業に利用している者とされています（ただし行政機関等は除く。個人情報保護法16条2項）。個人であっても、あるいは営利事業者でなくてもこれに含まれるとされているため、施設のみならず里親でも、委託を受けている子どもの個人情報を検索できるように整理して、受託事業に利用していれば（例えば、子どもの名前をつけたフォルダーにその子の写真を保存する、子どもの名前をつけたアルバムにその写真をファイルしているなど）、個人情報取扱事業者にあたることになります。

子どもたちの写真を広報誌に掲載することは、

個人情報の外部提供にはあたりますが、個人情報取扱事業者が外部提供禁止の義務を負うのは「個人データ」ですから、その写真が前記のように特定の個人を検索可能な状態に整理されていなければ「個人データ」とはいえず、外部提供禁止の対象とはなりません[＊1]。ただし、利用目的の通知・公表は必要です（個人情報保護法21条1項）。

他方で、検索可能な状態で保存している写真は個人データとなりますので、それを外部提供する場合には、原則本人の同意が必要となります。この同意は子ども本人から得ればよいのでしょうか。それとも親権者から得る必要があるのでしょうか。

例えば、子どもの個人情報の取扱いについて、親権者が法定代理人として子どもの情報の開示請求などを行う場面では、必ずしも親子間で利害関係が一致しない場合があるとして、15歳程度以上の子どもについては子ども本人の同意を確認するものとする条例や運用があります[＊2]。こうした扱いに照らせば、子どもが15歳以上の場合については、親権者の意向を確認しつつも、子ども本人の意向を基本的には尊重すべきだとも思えます。

もっとも、外部提供の場合、子ども本人は同意していても、児童福祉法28条に基づく措置による入所で当該子どもの安全のために親権者に措置先を秘匿している場合や、非親権者が虐待者である場合もあるので、子ども本人の安全や利益については周囲が格別に配慮する必要があります。

子どもが15歳未満で、かつ親権者との関係では子どもの安全や利益について配慮する必要がない場合、子ども本人の意向は確認しつつも、基本的には、親権者の同意の有無を確認して、それを尊重することになるでしょう[＊3]。

もっとも、親権者の意向に沿った場合に、客観的に見て明らかに児童に不利益を与えると考えられる場合には、施設長等が、監護及び教育に関し、その子どもの福祉のために必要な措置として判断することができます（児童福祉法47条3項）。

➡Q14

➡巻末参照③

肖像権・プライバシー権上の問題はあるか

さらに、子どもたちは、その固有の権利として、自分の意に反して自己の肖像を使用されない権利である「肖像権」や、自分の情報をみだりに公開されない権利である「プライバシー権」をもっています。施設や里親が、子どもの同意を得ずにその写真を広報誌等に掲載するのは肖像権の侵害になります。この場合の同意の考え方については前記個人情報と同じように考えてよいでしょう。

社会的養護下にある子どもたちには情報の外部提供に対して特別な配慮が必要

最近の情報拡散のあり方はすさまじいものがあります。いったん情報が外部に出てしまうと、それを回収・拡散を制御することは事実上不可能です。

写真などのわずかな手がかりが、本人の所在を探し当てられるヒントになることもあります。社会的養護下にあったという情報が外部に出て残り続けることが、将来本人の意図しない形で利用されてしまうリスクも生じます。

広報誌やホームページの掲載などで写真等を外部に出すことについては、このような現在の情報を巡る事情を鑑みた上で判断されるべきではないでしょうか。

[＊1] 個人情報保護委員会『個人情報の保護に関する法律についてのガイドライン』及び『個人データの漏えい等の事案が発生した場合等の対応について』に関するQ＆A」2017年2月16日（2021年6月30日更新）、32～33頁「第三者提供の制限の原則」参照

[＊2] 個人情報保護委員会・厚生労働省「医療・介護関係事業者における個人情報の適切な取り扱いのためのガイダンス」2017年4月14日（2022年3月一部改正）、18頁。廃止前の東京都個人情報保護条例12条2項など

[＊3] 中村 誠「未成年者の個人情報の開示請求及び提供についての一考察―未成年者の個人情報の開示請求及び学校が行う生徒・学生の成績情報の保護者への提供について―」『岡山大学法学会雑誌』第57巻第1号、2007年、308頁

Question 21

子どもの生活指導等のために学校を欠席させることは学習権の侵害になりますか？

Q

施設職員が、入所中のJの居室を掃除していたら、親族等からもらった物とは思えない、見知らぬ化粧品が数個出てきました。Jに尋ねると、「友達にもらった」「忘れた」などと言い、その後部屋にこもって話さなくなりました。

Jは、過去に万引きをしたことがあるようで、今回もそうではないかと心配です。事実確認のためにも、学校を休ませ、本当のことを話すまで聞き取りをしようかと考えています。

Jの学校の担任と同様のケースの話をした時、「学校を休ませてまで聞き取りをするのは無理がある」と言っていました。しかし一方で、級友の物を盗ってしまう子の担任から、「指導してから登校させてほしい」と言われ、1週間ほど休ませたこともありました。また、授業中に教室内を歩いて授業の進行を妨げてしまう子の時は、「帰らせます」と学校から連絡が入ったこともあります。

施設入所・里親委託中ではこうしたことがよくあり、子どもの教育を受ける権利を奪っているかもしれないと考えてしまいます。今回のようなケースは、教育を受ける権利の侵害になりますか。

子どもの学習権に対応し、保護者等には就学義務が課せられています。指導目的を達成するため本当に欠席が適当かを慎重に検討し、やむを得ない場合でも、少なくともその間の学習機会を保障する配慮は必要でしょう。また、小中学校による児童・生徒への停学処分は法律上許されていないため、学校による帰宅措置も問題となる場合があります。

学習権の制約には厳格な注意が必要

日本国憲法26条は、子どもの「教育を受ける権利（学習権）」を保障しています。特に、「みずから学習することのできない子どもは、その学習要求を充足するための教育を自己に施すことを大人一般に対して要求する権利」がこの憲法26条に含まれている、と解釈されています［＊1］。

この子どもの学習権に対応して、保護者等は、子どもに普通教育を受けさせる義務、小中学校に通わせる義務、つまり「就学義務」を負っています（教育基本法5条、学校教育法17条）。保護者等が正当な理由なく、子どもを、休日を除き連続7日間出席させない等の事情がある場合には、校長は市区町村の教育委員会に通知しなければなりません。その通知を受けた教育委員会は、保護者等が就学義務を怠っていると認めた時は、保護者等に対し出席を督促することになります（学校教育法施行令20条、21条）。委託措置されている子どもについては、保護者等に準じて施設長や里親等がこの就学義務を負うことが法律上明記されています（児童福祉法48条）。

また、里親の就学義務違反は、養育里親名簿または養子縁組里親名簿の抹消事由の一つとなっています（児童福祉法施行規則36条の44第2項1号）。

本ケースでは、子どもに生活指導をする必要があるために、学校を欠席させるという手段が検討されているようです。しかし、前記のような憲法上認められている子どもの学習権や、それに対応した施設長や里親の就学義務及び聞き取りという目的と学校を欠席させるという手段の有効性・相当性に鑑みれば、学校を欠席させるという手段をとることは、相当慎重になるべきであると思われます。

やむなく欠席という手段をとらざるを得ない場合があったしても、その間の子どもの学習権保障(休んだ分の学習をしっかりフォローするなど)については、きちんと配慮をする必要があるでしょう。

学校の帰宅要請には「措置」かどうかの確認を

前記のように、学習権は子どもにとって極めて重要な権利です。そのため、それを制約するような学校の処分・措置も、厳格に法で制限されています。

物を盗ってしまうことが止まらないとして学校から登校を禁じられた例があるとのことですが、小中学校の児童・生徒に対する停学処分は法で禁じられています(学校教育法施行規則26条4項)。一方で、子どもが授業を妨害する行為を繰り返すような場合には、市町村の教育委員会が、その保護者に対して行う出席停止という措置もあります(学校教育法35条)。しかし、この措置をとる場合、教育委員会は、あらかじめ保護者の意見を聴取し、理由及び期間を記載した文書を交付しなければなりません(同条2項)。また、出席停止期間中、子どもの学習支援その他の教育上必要な措置(例えば、課題による自宅・別室学習など)を講じなければなりません(同条4項)。

施設や里親としては、学校から「帰らせます」という安易な対応に直面した場合は、まずは学校によるその指示が、出席停止措置としてなされているのか、きちんと確認しましょう。そうでないのであれば、小中学生の停学処分が法で禁止されている以上、登校を継続した上で、別途、子ども本人が物を盗ってしまうことに対する指導を、施設・学校が協力して行えるように申し入れるべきでしょう。

[＊1] 最高裁大法廷判決昭和51年5月21日参照

保護中の子どもの転校など通学関連の手続に保護者の協力が得られません

最近施設入所したKは、成績優秀で私立高校に通っていました。しかし、両親が異常なほど教育熱心で、子どもの成績が悪いと暴言を吐き、勉強を強要し、暴力をふるうこともあったようです。

K本人が中学時代の担任に相談し、先生がKを伴って児童相談所に相談したことから、Kは一時保護されました。Kが帰宅を希望しなかったため、保護者も同意した上で、そのまま施設入所になりました。

その後保護者は、「入所の同意はしたが、手続等は一切しない。転校の手続もとらない」という姿勢を貫き、実際、私立高校の転出→公立高校の転入に必要な手続も難航しました。

今後、高校の修学旅行、大学受験など、保護者の意向を確認しながらでなければ進められないようなことが多くあります。

このような事態にはどう対処したらよいでしょうか。

高校などでは、転学に際し、学則で生徒・保護者からの申し出を要すると定めている場合があり、保護者の同意なき転出入は認められにくいかもしれません。しかし、それによってどの高校にも登校できなくなるような場合には、親権停止も含め検討する必要があります。子どもの希望する高校の修学旅行等への参加や、大学受験に対する保護者の反対等が、「不当に妨げる行為」にあたると思われる場合は、施設長等の権限で各校の校長に相談しましょう。

転入学手続に保護者が協力しない時

「転校」は、法律上、「転学」といい、ある学校から、同種の他の学校の相当学年に学籍を移すことをいいます。

転学については、転学先の校長の許可が必要であり、転学元の校長は、転学事由を示して、生徒の在学証明書その他必要な書類を転学先の校長に送付しなければならないとされています（学校教育法施行規則92条1項）。

具体的な転学・転入の要件については、「入学、退学、転学、休学及び卒業に関する事項」として学則に記載すべきだとされています（学校教育法施行規則4条6号）。

そこで、転学に関する学則を見てみると、校長の許可や承認のほか、「生徒と保護者と連署の願い出を要する」、あるいは「保護者は所定の書類にその理由を明記し、願い出て許可を受けなければならない」などと定められていることが多いようです。学校教育法上の「保護者」は、子どもに対して親権を行う者（親権を行う者のない時は、未成年後見人）をいうとされています。

このような規定を置いている学校においては、

転学にも保護者の協力が必要となってしまい、協力を得ることが難しいとなると、転学に支障が生じ得ます。

もっとも、保護者が協力しないために、施設に入所したKさんが事実上高校に登校できず（例えば在籍する学校が施設から遠方にあるなど）、その結果、Kさんの教育を受ける権利が侵害されるとなれば、保護者はその適性が問われることになります。

保護者が、正当な理由もなく施設・里親に預けられた子どもの転学手続に協力しないため、子どもが高校教育を受けられないような事態になっている場合には、保護者の行為は「不当に妨げる行為」に該当する可能性があります。→Q14 →巻末参照③2（2）エ 保護者への説明を経ても理解が得られない場合には、親権停止などの手続が必要になるかもしれません。→Q4

なお、成人年齢に達した生徒については、実父母と連署した書類の提出が学則で定められていたとしても、本人が転学を希望すれば、保護者の同意は不要とされています［＊1］。

保護者が学校行事への参加や進学に反対する時

修学旅行等、通常行われている学校行事への参加について、正当な理由なく保護者が子どもを参加させないようなことがあれば、施設長等はその監護権の行使として参加させることができます。

また、大学受験については、受験するだけであれば、保護者の同意は必ずしも必要とはされない（受験料の問題を除く）でしょう。成人年齢引下げのため、多くの子どもは大学進学時には成人年齢に達していることになります。よって、学費や保証人の問題はともかく、大学入学（在学契約締結）自体に親の同意は不要ということになります。

［＊1］　文部科学省初等中等教育局参事官（高等学校担当）付・文部科学省初等中等教育局教育課程課・文部科学省初等中等教育局児童生徒課・文部科学省初等中等教育局健康教育・食育課事務連絡「成年年齢に達した生徒に係る在学中の手続等に関する留意事項について」２０１９年12月17日

Question 23

里親と里子で宗教的価値観が異なります「子どもの宗教の自由」は法的にどこまで守られるべきですか？

Q

里親に特定の宗教がある場合、教育の一環のつもりで里子に宗教的慣習をさせることがあります。ごはんの前に手を合わせたり、宗教行事に参加させたり、お墓参りやクリスマスも、広い意味では宗教的行為かもしれません。しかしそうしたことで、「自分の信条（宗教）の自由を奪われている」と感じている子どももいるかもしれません。こうしたことは、子どもの宗教の自由を奪っていることになるのでしょうか。

里親の姿を見て、里子が自分から同じことをしたら、「強要」ではないので、よいのでしょうか。また逆に、里子に（おそらく実親から影響を受けた）宗教的な習慣があった場合に、それを里親が受け入れがたいこともあると思います。例えば、特定の礼拝をするなどの行為について、他の子（実子や他の里子）に影響がある場合、法律上、どうすることが子どもの宗教の自由を守ることになるのか、判断しかねています。

実親でも、子どもの将来の信教を含めた精神的自由を奪うことは許されません。まして公的に委託を受けた里親が委託された里子に対し、宗教的影響を及ぼすことについては慎重になるべきです。他方で、クリスマス等習俗的行為の範囲内であれば、里子の精神的自由への制限とはみなされにくいでしょう。

子どもの信教と親の宗教的指示権

日本国憲法20条1項前段は、「信教の自由は、何人に対してもこれを保障する」と規定しています。また、子どもの権利条約は次のように定めて、子ども自身に思想、良心及び宗教的自由への権利、つまり内面的な精神活動の自由を保障しています［＊1］。

> **子どもの権利条約**
> **14条**
> **（思想・良心・宗教の自由）**
> 1　締約国は、子どもの思想、良心および宗教の自由への権利を尊重する。
> 2　締約国は、親および適当な場合には法定保護者が、子どもが自己の権利を行使するにあたって、子どもの能力の発達と一致する方法で子どもに指示を与える権利および義務を尊重する。
> 3　宗教または信念を表明する自由については、法律で定める制限であって、公共の安全、公の秩序、公衆の健康もしくは道徳、または他の者の基本的な権利および自由を保護するために必要な制限のみを課することができる。

このように、子どもの権利条約14条は、信教の自由を含む子どもの内面的な精神活動の自由を保障する一方で、同条2項で、子どもの内面的な世界観・人生観・価値観といった人格形成にかかわる内面的発達につき、「子どもに指示を与える権利及び義務を尊重する」と、親の重要な役割を認めています。

しかし、これは「子どもが自己の権利を行使するにあたって」とされているので、子ども自身が親とは異なる宗教観をもつ、あるいは親と同じ宗教観をもつことを拒否する場合に、親が子どもにその信じる宗教を強制することは、子ども自身の信教の自由を侵害することになり、許されません。

また、子どもがまだ幼く判断能力を有さない時期に、儀式を経て特定の宗教団体へ加入させてしまうなど、特定の宗教に子どもを拘束し将来の選択の余地を奪ってしまうような効果をもつはたらきかけも許されません。裁判例でも、一方の親が、判断能力の十分でない子どもたちに特定の宗教団体の教義を教えることを正しいと信じ、他方の親の強い反対にもかかわらず、学校を休ませてその宗教団体の主催する大会に参加させるなどしたことは不適当と判断し、他方の親にきょうだいの一部の子の親権を認めたものがあります[＊2]。

他方で、クリスマス、お墓参り、食事の前に手を合わせるなど、もともとは宗教的起源を有していたものであっても、その宗教的意義が希薄となり社会生活における習俗となっているような行為(習俗的行為)については、一家庭のあり方として、子どもは宗教とは結びつけずに(つまり宗教的選択権を奪われずに)受け止めることが可能でしょう。

里親の監護教育権の限界

次に、このような実親の宗教的指示権と同様の内容を里親が行使できるのかという点について見ていきましょう。

児童福祉法47条3項は、里親は、「受託中の児童で親権を行う者又は未成年後見人のあるものについても、監護及び教育に関し、その児童の福祉のため必要な措置をとることができる」と規定しています。つまり、里親は委託された子どもの教育につき、その子どもの福祉のために必要な措置をとることは可能です。➡Q14

もっとも、施設入所についてではあるものの、裁判例でも、児童相談所からの委託の性質について、次のように判断されています。「3号措置に基づき児童養護施設に入所した児童に対する関係では、入所後の施設における養育監護は本来都道府県が行うべき事務であり、このような児童の養育監護にあたる児童養護施設の長は、3号措置に伴い、本来都道府県が有する公的な権限を委譲されてこれを都道府県のために行使するものと解される。したがって、都道府県による3号措置に基づき社会福祉法人の設置運営する児童養護施設に入所した児童に対する当該施設の職員等による養育監護行為は、都道府県の公権力の行使に当たる公務員の職務行為と解するのが相当である」➡巻末参照④この見解に照らせば、里親としての養育監護も施設入所と同様、公的な権限の委譲により代替として行っているという性質があるといえます。

日本国憲法20条は、信教の自由を保障するとともに、その3項で、「国及びその機関は、宗教教育その他いかなる宗教的活動もしてはならない」と定めています。里親委託の公的性質に照らせば、委託された里子に対し、里親として宗教的影響を及ぼすことには慎重になるべきと思われます。

以上を踏まえて、本ケースの質問に沿って見ていきましょう。

里親が宗教的行為を子どもにさせる場合

前記の通り、習俗的行為といえるものであれば問題がないと思われます。

他方、それを超えた宗教的行為については、里親委託の公的性質という観点からは、極力里子の将来における宗教選択の自由を奪わないような配慮が必要になるのではないでしょうか。

里親を見て里子が自ら宗教的行為に同調する場合

里子の同調が「強要」ではないかどうかは、「里子が自分の宗教的自由権に基づきそれを選択した」といえるのかどうかによると思います。

「強要」とまではいえなくても、宗教的な判断能力が十分ではない子どもであれば、依存せざるを得ない里親の行動を、見捨てられ不安や里親の関心を引くためにまねるということもあるでしょう。里親としては、それをそのまま受け入れるのではなく、それが里子のどのような心情に基づくものかを、多様な観点から検討した上で判断する必要があります。

もっともこれらの判断は、児童相談所や子どもアドボケーターなど、第三者に委ねた方が望ましいかもしれません。

措置児童がもつ宗教的習慣を里親や施設が受け入れがたい場合

年長の里子や施設措置児童の場合、(多くは実親の影響で)宗教的な習慣を身につけていることもあります。特に最近は外国にルーツをもつ子どもも多く、措置児童の宗教の自由への配慮は重要です。

里親や施設が措置児童を受け入れるにあたっては、前記の公的な性質に照らせば、受け入れる子どもの信教の自由は尊重せざるを得ません。措置児童の信仰が、里親自身の宗教と抵触するとの理由から、そもそも受け入れられないのであれば、受け入れはできないと事前に明示すべきでしょう。

その子どもの受け入れは可能としても、それが実子や他の受託児童の利益と抵触するような場合は、抵触すると思われる具体的行動の内容を踏まえて、抵触を回避する方法がないか調整の可能性を考慮した上で、受け入れの可否を検討していくことになると思います。

例えば、設問にあるような「特定の礼拝をする」というようなものであれば、その礼拝を自室内でのみ行うということに子ども本人が了解すれば、他の受託児童に影響を及ぼすことは少ないでしょう。他の受託児童にとっても、多様な宗教的価値観があることを知ること自体は、教育的にも意味があることです。よって、他の受託児童に及ぼす影響を特定し、考え得る悪影響を回避するための代替手段があるかどうかを、具体的に検討する必要があるでしょう。

[＊1] 本文内全て国際教育法研究会訳
[＊2] 名古屋地裁判決昭和63年4月18日

Question 24

3節　子どもと財産にまつわる問題

実親が子ども名義で携帯電話を契約・使用・料金未納……子どもは支払うべきですか？

Q

里親委託中のL（高校2年生）が、里親と一緒に携帯電話販売店にスマートフォンを購入しに行くと、L本人が信用情報機関のブラックリストに載っていることを知らされました。既にブラックリストに載り、自分名義では新たな契約ができなくなった単独親権者の実母が、L名義で勝手に携帯電話を契約し、使用料金の未納を重ねていたようです。実母に問い合わせると、「何とかします」と言うものの実行はしません。L名義の債務は20数万円ですが、実母は他でも借金を重ね逃げ回っているようで、返済意思も能力もありません。

先日、電話会社の代理人弁護士から、L宛に請求書が届きました。里親と児童相談所の担当者が事情を説明して、一旦は理解を得ましたが、現在も請求書は届いています。

Lは現在もスマートフォンを持てないでいます。まもなく18歳で就職自立の予定です。どうしたらいいのでしょうか。

Lさんが支払を拒否する余地はあります。しかし、電話会社等がそれを認めない場合には、債務不存在確認や請求訴訟において棄却判決を得るなどの法的対応が必要になります。自立したばかりの本人がそれを行うのは現実的に困難なため、できれば就職自立までの間に弁護士につなぎ、債務不存在確認などの対応をしてもらうのが望ましいでしょう。

理論上、Lさんは債務の支払義務はない

本来、Lさんが債務を負担する理由はありません。実母がLさんになりすましてLさん名義で契約していても、Lさんは債務を負担する意思がないため無効ですし、Lさんの法定代理人である親権者として契約したとしても、後記の通りLさんに債務の支払義務は発生しない余地はあります。

まず、携帯電話・スマートフォンについては、2006年4月1日より契約時の本人確認が義務づけられているので［＊1］、可能性としては低いのですが、実母がLさん自身になりすまして、申込書や契約書にLさんの名前を署名・捺印し、あわせて自分の親権者としての同意書を添付して契約する場合（①）もないとはいえません。この場合、Lさん自身に自分で債務を負担する意思はなく、実母がLさんの代理人として契約をしているのでもないため、Lさん名義の契約は無効となります。よって、本来、Lさんが債務を負うことはありません。

また、実母がLさんの法定代理人たる親権者として自分で利用する携帯電話を契約した場合（②この方が①よりも可能性が高い）、実母は自分の利益のためにLさんの法定代理人であるという立場を利用し、Lさんに債務を負担させたことになります。この点、民法107条は、代理人が自己または第三者の利益を図る目的で代理権

の範囲内の行為をした場合で、相手方（本ケースの場合は、電話会社）がその目的を知っていた、または知ることができた時は、その行為は代理権をもたない者がした代理権濫用行為であるため、本人が追認［＊2］しなければ、本人に対して効力は及ばないとしています。よって、②の場合についても、実母が自分で使う携帯電話を、自分名義では新たな契約ができないためにL名義で契約したことを、契約当時に電話会社が知ることができたような場合（具体的には、実母が自分のために自分名義で契約しようとしたところ、ブラックリストに載っていて契約できないと電話会社側が指摘した後、実母はその場ですぐにLさんの代理人として契約したような場合など）には、Lさんが債務を負わない余地はあります。

現実の法的対応の難しさ

理論上は責任を負わない余地があるとしても、現実に対応をしようとすると、そう簡単ではありません。

まず前記①で、電話会社またはその代理人である弁護士がLさんに請求してきた場合は、本人確認をした方法やその確認書類を開示してもらった上で本人確認の不備を指摘したり、Lさんの署名・捺印ではないことを証明する筆跡等の証拠書類を提示したりするなどして、Lさんに契約意思がなかった事情を説明して交渉することになります。

②の場合も、Lさんにその効果が及ばないのは、前記の通り相手方がその目的を知っているか、または知ることができた時に限られています。さらに、子の経済的利益を害する親権者による代理行為［＊3］について判断した判例［＊4］でも、利益相反にあたらないとされる行為につき、「子の利益を無視して自己又は第三者の利益を図ることのみを目的としてされるなど、親権者に子を代理する権限を授与した法の趣旨に著しく反すると認められる特段の事情」（傍点筆者）がない限り、

親権者による代理権濫用にはあたらないと判断されています。つまり、親権者の行為は簡単には代理権濫用と判断されないのです。

本ケースでは、実母がもっぱら自分のために携帯電話を利用していた事実が判明すれば、Lさんの利益を無視して自分の利益を図ることのみを目的としたこと自体は証明できても、そのことを契約締結時に電話会社が知り得たかどうかがポイントになるでしょう。こうした点についても、電話会社に説明をした上で、交渉する必要が出てきます。

相手方への対応に関して本人が最低限知っておくべきこと

前記②の場合で、Lさんが母の無権代理行為を追認[*2]してしまうと、本人が債務を負うことになってしまうので、きちんと対応を決めるまでは追認と思われるような言動をしないように注意を促しておく必要があります。

また、前記の交渉で電話会社の理解を得られればよいのですが、その証明は難しく、電話会社がLさんに対して（未成年の間はその法定代理人である実母宛に）支払請求の裁判を起こしてくるおそれもあります。

Lさんが成人年齢に達し、Lさん自身に裁判が起こされた場合、Lさん宛に裁判所から書類がきます。その場合は、決して放置してはいけません。対応しないと、欠席判決となり、債務の存在が認められてしまいます。届いたら必ず里親に相談するように、本人によく言っておく必要があります。

法律専門家の支援につなぐ必要性

このように、相手方から裁判を起こされてしまうと、本人や福祉関係の支援者のみでの対応はかなり困難でしょう。さらに措置が終了してしまうなどすれば、自立直後の若者が弁護士に法的対応を依頼するのも、相当にハードルが高いものです。よって、まもなく成人年齢を迎えるという段階だと時間的余裕があまりないのですが、できれば未成年のうちに、あるいは自立をする前に、周囲の大人が法的な問題を整理する足がかりを作ってあげてほしいところです。

具体的には、実母がLさん名義で債務を負担させている事情が明らかになれば、母の財産管理権の行使が不適当といえるので、管理権喪失を申立てることが考えられます（民法835条）。これは本人も申立てられますが、未成年後見人支援事業を利用して児童相談所長申立（児童福祉法33条の7）にするとよいでしょう。➡Q4 管理権喪失が認められると、財産管理権は里親委託の場合には児童相談所長が行使することになりますが（児童福祉法47条2項）、こうしたケースの場合は、法律専門家の未成年後見人を選任し対応してもらうべきだと思います。➡Q5

早期に法律の専門家とつながり、前記のような電話会社との交渉段階から対応してもらえば、裁判にまでならずにすむかもしれません。未成年であるLさんに請求訴訟が起こされても、未成年後見人が法定代理人として訴訟対応をすることになります。

法律の専門家に相談する手段として、本人が成人年齢に達していれば、法テラス［＊5］が利用できます。未成年であれば、本書第4章で紹介する窓口も参考にしてみてください。➡Q42 Q43 Q44

［＊1］携帯音声通信事業者による契約者等の本人確認等及び携帯音声通信役務の不正な利用の防止に関する法律3条

［＊2］先に生じた法律行為を、後から有効なものと認めること。本ケースの②のような実母による無効な代理行為も、後からLさんが債務を認めるような行為（「お金を返す」と言ってしまうなど）をすると、追認したことになる

［＊3］利益相反とされれば、母は民法826条により、子どものために特別代理人を選任しなければならない。➡Q26 しかし判例は、親権者が子どもを代理して行った行為自体を、外形的・客観的に考えて判断する「形式（外形）的判断説」をとっているので、利益相反かどうかはもっぱら行為自体、または行為の外形から判断される。於保不二雄・中川淳編『新版 注釈民法（25）親族（5）改訂版』有斐閣、2004年、

138頁

［＊4］最高裁第一小法廷判決平成4年12月10日。この判例では、子どもの所有する不動産を第三者の債務の担保にした行為が問題となった。一方、未成年者の名で、親が自分のために使う目的で借り入れをした事案で、利益相反行為ではないとされた判例として、大審院判決昭和8年1月28日がある

［＊5］日本司法支援センター法テラスでは、収入・資産等が一定以下の人を対象に、「民事法律扶助制度」を使った無料法律相談を実施している

委託中に子どもが貯めたお金 生活保護受給中の家庭に復帰後 どうなりますか？

Q

現在高校2年生のMは、母が疾病により ほぼ寝たきりになり、療養を優先するため、中学1年時に里親委託されました。父母はMが小学生の時に親権者を母として離婚し、その後父は所在不明です。その後、母は生活保護を受け生活が安定して体調も快復し、今では月1回程度、Mと面会しています。母子とも互いの存在を支えにしていて、来春家庭復帰し、一緒に暮らしたいと願っています。

Mは大学進学を志望しており、高校入学以来、大学進学に向けた学習塾の費用や大学進学費用に充てるため、アルバイトをがんばって続けてきました。そのおかげで現在、約70万円まで貯めることができました。

しかし、子どもが生活保護世帯に復帰すると、自分が貯めていたお金は世帯の財産とみなされ、生活保護が停止になるなど、親子の将来の生活に支障が出るのではないかとMはとても戸惑っています。

こうした場合、どうなるのでしょうか。

生活保護世帯の世帯員が自立更生して、生活保護制度利用を脱却するためのお金、すなわち、子どもの学費や就職準備のための費用は、その生活保護世帯の収入としてみなさなくてもよいという例外が設けられています。

アルバイト代は生活保護上どうなるか

生活保護は、日本国憲法25条で保障される、健康で文化的な最低限度の生活を保障する制度です。もっとも、生活保護は、国民の税金を使って経済的な保障をするものであるため、支給は、受給を希望する人がその利用し得る資産、能力その他あらゆるものを活用し、かつ扶養義務者による扶養や他の法律による扶助によってもなお、最低限度の生活を維持できない時に限られています（「保護の補足性の原理」生活保護法4条）。そして、支援の要否や保護の程度の判断は、世帯ごと、つまり家庭ごとに判断されます（「世帯単位の原則」生活保護法10条）。

本ケースでは、預貯金を有しているMさんが家庭復帰すると、その時点で母の世帯に活用し得る資産があることになり、補足性の原理から、保護停止・廃止の対象になる可能性があります。また、高校3年で家庭復帰後、学習塾や大学進学のための費用に充当しようと思ってアルバイトを続けても、それが世帯の収入とみなされて、生活保護費がその分減額されてしまえば、結局、Mさんのアルバイト代は生活費に回ってしまいます。

つまり、①Mさんが大学進学等のための資金を保持したまま家庭復帰したのちも、母が生活保護を受給し続けることができるか、②家庭復帰後のアルバイト代を自分のためにつかえるか、が本ケースでの問題となります。

(1) 家庭復帰時のやりくりによって生じた預貯金の扱い

生活保護費のやりくりによって生じた預貯金等については、それが高等学校等就学費では賄えない費用や、大学に就学するための必要な経費に充当するために生じたものであれば、活用すべき資産にはあたらないものとして保有を認めてかまわないという扱いがなされています[＊1]。

もっとも、そのためには資産申告書を生活保護担当者(ケースワーカー)に正直に提示し、その使用目的をケースワーカーに説明して事前の承認を得ておくことが必要です。きちんと申告していたにもかかわらず、保護の停止・廃止決定をされたような場合には、Mさんの貯蓄は、生活保護法の趣旨目的にかなった目的と態様による貯蓄であり、収入認定の対象とすべき資産にはあたらないとして、その決定が取り消される可能性があります[＊2]ので、あきらめずに母からの審査請求なども検討すべきだと思われます。この場合、決定があったことを知った日の翌日から起算して3月以内に申立てる必要があるので、注意が必要です。

(2) 学費・就職準備充当目的の預貯金 ―収入として認定しない扱い―

次に、家庭復帰後にMさんが稼いだ学習塾費や大学進学費に充てるためのアルバイト代は、収入として生活保護費から差し引かれてしまうのでしょうか。

それでは、生活保護家庭の子どもは不安定就労につながりやすい学歴に甘んじざるを得ないことになります。その結果、長い目で見れば、その世帯の自立更生をかえって阻害してしまいかねません。このような帰結は、生活保護法が自立助長も目的とすることに照らしても適当ではありません。

そのため、厚生労働省の通知等では、収入認定しなくてもよい(つまり保護費の返還対象から外す)例外が列挙されています。

このケースに関係するアルバイト収入についての例外として、高等学校等に就学しながら保護を

表1 生活保護世帯の高校生のアルバイト収入等のうち、収入認定から例外として除外され得る費用

（ア）	（イ）
高等学校等就学費（月額の基本額に加え、入学考査料、入学料、授業料、教材代、通学交通費、学習支援費等）の支給対象とならない経費（学習塾費等を含む）及び高等学校等就学費の基準額で賄いきれない経費で、その子どもの就学のために必要な最小限度の額	当該被保護者の就労や早期の保護脱却に資する経費にあてられることを保護の実施機関が認めた場合、これに要する必要最小限度の額
例えば ・私立学校の授業料の不足分 ・修学旅行費 ・クラブ活動費（学習支援費を活用しても不足する分）、学習塾費　など［※1］	例えば ・大学等入学料 ・自動車運転免許取得経費 ・就労就学に伴う転居費用　など［※2］

［※1］厚生労働省社会・援護局保護課長通知「生活保護法による保護の実施要領の取扱いについて」2022年3月30日付／社援保発0330第1号、第8問58　［※2］※1の通知、第8問58－2
【出典】厚生事務次官通知「生活保護法による保護の実施要領について」2022年3月31日付／厚生労働省発社援0331第3号、第8・3・(3) クより一部改変

受けている子どもの収入について定めている通知があり、参考になります。この中では、**表1**の費用は収入認定から除外できるものとされています。

もっとも、就労や早期の保護脱却のためとして収入認定から除外されるには、あらかじめ生活保護担当者がその具体的な自立更生計画を承認しているとともに、その金銭を別に管理し明らかにすること、その金銭が他の用途に利用されないよう定期的に報告をすることが必要とされているので、注意が必要です。

そのため、本ケースでも、Mさんがアルバイトで貯めたお金を、学習塾費や大学進学のための入学金等に充てるということであれば、収入認定の除外を受けられる可能性があります。

その前提として、アルバイト収入について、生活保護担当者（ケースワーカー）に申告することが必要です。担当者に申告すべきことを母が十分理解しているか不明なため、措置解除にあたり、子ども本人にも十分説明しておくことが必要です。

［＊1］　厚生労働省社会・援護局保護課長通知「生活保護法による保護の実施要領の取扱いについて」２０２２年3月30日付／社援保発０３３０第1号　第３問18－２

［＊2］　最高裁第三小法廷判決平成16年3月16日

Column

「児童手当」親が搾取するのを防ぐには

施設等に入所している子どもでも、親権者等がある場合には、子どもの財産管理権は、親権者が行使することになります（財産管理権）。施設に入所している子どもの児童手当は、施設の設置者等（小規模住居型児童養育事業者、里親、乳児院、児童養護施設）に支給されますが、これを施設設置者等が子ども名義の口座で管理すると、親権者がこれに対して管理権を有することになってしまいます。こうしたことを防ぐために、児童手当については次のような方法をとるよう案内がなされています。

児童手当を子どもの口座に入金する前に、施設設置者等があらかじめ、「無償で子に財産を与える第三者が、親権を行う父又は母にこれを管理させない意思を表示したときは、その財産は、父又は母の管理に属しないものとする」という民法830条1項の規定による［＊1］意思表示は、具体的には、施設長等を管理者として指定し、「子どもに贈与した児童手当の管理を、親権者に代わって施設長等が行うことにする」という内容を記載した書面を、子どもまたは父母（未成年後見人を含む）に交付するという方法により行います。こうすれば、子どもが成人して自分で財産管理権を行使することができるようになるまで、児童手当等を施設長等が管理することができます。

なお、施設等が公立である場合には、それぞれの市町村から直接子どもの口座に支払うため、認定請求や額改定認定請求を行う前に、民法830条1項の規定による意思表示を行う必要があるとされています。

もっとも、このような手続を経て施設長等が管理していても、子ども本人が家庭復帰する際にその子ども名義の口座通帳等を本人に交付してしまうと、子どもが親の要請に抗しきれず、親に預金を渡してしまうことも考えられます。

そのような懸念がある場合は、家庭復帰前に、児童手当を引き続き施設長等が管理するか、親に通帳等を渡さないようにするなど、子どもとよく話し合っておく必要があるでしょう。

［＊1］内閣府ホームページ「児童手当制度のご案内」、または厚生労働省「施設等受給者向け 児童手当Q&A」など参照

自宅に残した子どもの大切な物を親権者が引渡してくれません

中学2年生のNは、本人が両親からの虐待を養護教諭に訴え、学校が児童相談所に通告。その日のうちに一時保護となりました。両親は、「そんなにひどいことはしていない」とNを非難し、しかし、Nは自ら希望して施設入所となりました。緊急の保護であったこともあり、本人の使い慣れた身の回りの物は、全て自宅に置いたままです。それ以外にも例えば、大切にしているぬいぐるみやお守り、アルバムの写真なども自宅にあります。そこで、児童福祉司が家に赴き、せめて本人が大切にしている物だけでも本人に渡してほしいとお願いしたところ、両親は、「勝手に施設に行ったNのわがままは聞きたくない。そもそも自分たちが買い与えた物だから渡さない」と拒否し、職員等からの説得にも応じません。大切な物を手元に置きたいという子どもの主張を親権者が認めなければ、そうした物の引き取りはあきらめざるを得ないのでしょうか。引き取るための法的な方法はあるのでしょうか。

現行法下では、こうした物についてて子どもに所有権があるとしても、親権者の財産管理権が及んでしまいます。親権者に子どもの気持ちを伝えつつ交渉する方が現実的かもしれません。

「引渡してもらいたい物」には子どもに所有権があるか

子どもに愛着がある、あるいは使用していたなどのため引渡してもらいたい物について親権者に引渡請求するためには、まず、その物の所有権が子どもにあることが前提となります。親権者が購入したのだとしても、子どもに贈られた物であれば、子どもに所有権があるといえます。

しかし、子どもを写した写真などは、親の思い出のためにとっておいてあるという側面もあり、子どもの所有といえるかどうかは微妙です。

親権の濫用として親権者の財産管理権の制約がかかるか

仮に子どもに所有権があることが明確な物であったとしても、現行民法上、その物を手元に置くことも含め、子どもの財産管理権は親権者にあります（民法824条）。子どもに所有権があると思われる身の回りの物、大切にしているぬいぐるみやお守りが、子どもに処分を許可した財産（民法5条3項）といえれば親権者の管理権は及ばないことになりますが、引渡を拒否するような親権者であれば、処分を許可したつもりはない、あるいはあったとしても撤回すると言ってくるでしょう。本来、親権者の財産管理権は子どもの利益を守るために認められているのですから、虐待から保護された子どもが必要としているにもかかわらず、それを正当な理由もなく引渡さないという場合には親権の濫用と捉えられる余地がないわけではありません。ただし現在、親権者の財産管理権

には、相当に広範な裁量が認められています。Q24

引渡を求めるためには特別代理人が必要

子ども自身に所有権があることを前提として、子ども本人が親権者の意に反して強く引渡を願う物がある場合、それを実現する方法はないか、仮に可能だとしても誰がそれを行うかが問題となります。

所有権がある物の引渡請求は、財産上の請求です。本ケースのNさんは中学2年生ですから、一般的には自分の行為の法的な結果を認識・判断することができる能力［＊1］はあるということはできます。

もっとも、引渡請求をするためには、子どもは、親権者によって代理してもらわなければなりません。それが親権者の財産管理権の本来の意味です。

ところが本ケースのように、親権者が引渡の相手方として子どもと対立している場合、親権者に子どもの利益を守る役割が期待できません。このように親子間の利益相反行為がある場合、親権者は子どものために特別代理人の選任を家庭裁判所に請求しなければならないとされています（民法826条1項）。しかし、本ケースのような親子の対立がある場合、親権者である父母が現実的に子どものために特別代理人の選任請求をするとは思えません。そこで父母以外の誰かが、子どもに特別代理人を選任するよう家庭裁判所に申立てなければならないということになります。

誰が特別代理人の選任を申立てるか

特別代理人の申立権者は民法の条文上「親権者」とされてはいますが、未成年後見人選任の条文（民法840条）を類推適用して、親族その他の利害関係人などにも申立権が認められると解されています。実際、親族宅にいる子どもから親に扶養請求をするために、特別代理人の候補者となった弁護士自身が利害関係人として選任申立をし、申立が認められた例もあります。親権停止などと異なり、特別代理人については児童相談所長に独自の申立権は認められていません。本ケースのようなぬいぐるみの引渡事案で、家庭裁判所が特別代理人の選任を認めるかどうかはわかりませんが、扶養請求や、学習や生活のために必要不可欠な物の引渡であるなどの事情があれば、選任自体はあまり時間がかからず認めてもらえるように思われます。

また、本ケースのような事案では、家庭裁判所の調停等を利用する可能性があります（後述）ので、特別代理人は弁護士が適当でしょう。その費用については日本弁護士連合会の法律援助事業が利用できる可能性があります。

Q42 Q43

法律専門家による丁寧な交渉や調停による話し合いの方向を探る

現実には、冒頭で述べた「誰の所有物か」という問題があること、親権者の財産管理権の裁量が広範なことを考えると、法的手段をもってしてもこのような要求が簡単に認められるとは限りません。

特別代理人を家庭裁判所に選任してもらう前に、法律援助事業を利用して、弁護士が、児童相談所という措置権者とは異なる子どもの代理人という立場で、子どもがなぜそれを身の回りに置きたいのか、子どもの気持ちを父母に伝えつつ交渉する、あるいは特別代理人を家庭裁判所に選任してもらったとしても、調停など、第三者を介した父母との話し合いを通じ、子どもの心情を伝えつつ、解決を模索することになると思われます。

［＊1］「意思能力」といい、おおむね7～10歳くらいから認められるといわれている。大村敦志、横田光平、久保野恵美子『子ども法』有斐閣、2015年、201頁

子どもの単独親権者が負債をかかえて亡くなりました どのように動くべきですか？

Oは、両親の離婚により、実父が単独親権者となったものの、養育困難となり施設入所となりました。

その後、実父は外国人女性と再婚（以下、継母）し、異母弟が生まれました。Oと実父は、月に1回程度の面会交流を行っていましたが、先日、突然実父が死亡しました。継母の話によれば、実父には多額の借金があったようです。このまま放置すると、この多額の借金をOも相続しなくてはならないとも聞きます。単独親権者の死亡により、児童福祉法47条1項に基き、親権者または未成年後見人がつくまでは施設長が親権代行者となるため、施設としても何らかの対応が必要ではないかと感じています。

継母は、Oとの養子縁組はしていません。Oとの交流が全くないわけではないものの、日本語が片言かつ異母弟の養育で手一杯で、Oの利益のために動いてくれそうにはありません。

このように、入所児童あるいは里子の単独親権者が亡くなった後、施設・里親等としては、どのように動けばよいでしょうか。またその際、児童相談所とはどのように協力すればよいでしょうか。

実親が死亡した場合、特に相続に関しては注意する必要があります。相続財産の調査、相続放棄するかどうかの判断や相続手続など、子どもの将来に重大な影響を及ぼす判断が必要になる場合があるためです。他方の親に対する親権者変更のはたらきかけや未成年後見人選任申立など、速やかに、事案に応じた法的対応が必要なことが少なくありませんが、未成年後見申立などは児童相談所長に申立権があるため、児童相談所との連携が欠かせません。

実親が死亡した場合は子どもの相続等に注意

被相続人である実父の資産及び負債については、特に遺言等がなければ、相続人が法定相続分（民法900条）に応じて相続することになります。

本ケースの場合、設問からわかる範囲では、実父が再婚した妻（民法890条）、その子であるOと異母弟（民法887条）が法定相続人となります。実父の残した資産より負債が多い場合、Oさんがその負債を法定相続分に応じて承継してしまいます。このような負債を引き継ぐことを避ける手段として、相続放棄があります。相続放棄をするには、家庭裁判所に「相続放棄申述書」という書面を提出する必要があります。

この相続放棄の申述は、「自己のために相続の開始があったことを知った時から3か月以内」にしなければならないとされています（民法915条本文。以下、熟慮期間）。

もっとも、現実には、相続開始から3か月という短い期間では、資産が多いのか、負債が多いのかの判断がつかないこともあるので、この3か月という熟慮期間は、「相続の承認・放棄の期間伸長審判申立書」という書面を家庭裁判所に提出することにより伸ばすことが認められています（民法

915条ただし書)。

この期間伸長の手続をとらないで漫然と熟慮期間を経過してしまうと、相続を承諾したとみなされてしまいます(民法921条2号)。また、相続財産を一部でも使ってしまった場合も、相続を承認したものとみなされてしまいます(民法921条1号)。

ただし、相続人が未成年者の場合、この熟慮期間は、その親権者または未成年後見人(法定代理人)が未成年者のために相続が開始したことを知った時から、進行するとされています(民法917条)。

このように、相続手続に関しては時限があることがあるので、速やかな対応が必要です。施設長は児童福祉法47条1項により親権者がない入所中の児童の親権代行者となりますが、未成年後見人選任の申立権を有しており、通常、親権者や他方の実親の情報をもっているのは児童相談所です(児童福祉法33条の8)。子どもに相続が発生したことを把握した場合には、早急に児童相談所と対応を協議すべきでしょう。

親権変更と未成年後見人選任

前記の通り、相続にあたり子どものために法的手続が必要と判断されたら、次に誰が法定代理人となるのが適当かを検討することになります。

単独親権者が亡くなった場合、その相続手続を含め、その先、誰にその子の親権を行使してもらうのがその子にとってよいのか(他方の実親か、それとも未成年後見人が選任されるべきなのか)は事案によって異なります。

子どもが非親権者である実母と定期的に接触があったような場合には、実母が親権者となるのが適当かもしれません。

家庭裁判所の実務では、単独親権者が死亡した場合、親権をまだ生きているもう一方の親に変更することを認めています(未成年後見人就任の前後を問わない)。

この場合、親権変更の申立権者は「子の親族」とされているので（民法819条6項）、本ケースでいえばOさんの実母に、家庭裁判所に対し親権変更審判の申立をしてもらうことが必要になります。

実際には、児童相談所で以前の経緯なども踏まえて実母の親権者としての適性を判断し、実母の所在調査（公文書取寄せ）や連絡・手続の説明・意向確認等を行い、実母から家庭裁判所に申立ててもらうことになります。

しかし、実母の不適切養育のために保護に至ったような場合などには、親権を行使するのは実母ではない方がよいかもしれません。

未成年後見人選任の可能性

非親権者も既に死亡している、あるいは、非親権者が親権者としておよそ適当ではないなどの事情がある場合には、未成年後見人の選任を検討する必要があります。子どもをずっと見守ってきた親族があれば、その親族が未成年後見人としてふさわしいかもしれません。他方で、複雑な遺産分割や多額の保険金請求などが必要な場合には、未成年後見支援事業を利用した専門職後見人の選任が望ましい場合もあるでしょう。➡Q5

施設長等の親権代行

前記の通り、実親の死後その子どもにとって適切な方策をとるためには、法定代理人の就任が必要です。しかし、親権変更であれ、未成年後見人であれ、実際に選任されるまでは少し時間がかかります。

施設長は、入所中の児童で、親権者または未成年後見人のいない者に対し、親権を行使する者がいるようになるまでの間、親権を行うものとされています（児童福祉法47条1項）。里親委託やファミリーホーム委託中の子どもについては児童相談所長が親権を行います（児童福祉法47条2項）。

もっとも、こうした実親死後の相続の場面において、施設長等の親権代行の範囲については必ずしも明らかではありません。

前記の通り、相続人が未成年者の時は、熟慮期間はその法定代理人が未成年者のために相続の開始があったことを知った時から起算しますが、実務上、未成年後見人等が選任されてから熟慮期間内に相続放棄申述書を提出しても問題なく認められているようです。

しかし、少なくとも子どもに法定代理人が確定するまで、前に挙げたような「相続を承認した」とみなされることをしないようにする、債権者からの通知を未成年後見人等に引渡せるように保管しておくなど、直接子どもを監護する支援者が注意を尽くす必要はあります。

このように、それぞれの関係者は子どもの置かれている状況に応じて適切に判断する必要があります。法定代理人選任の見通しについて情報をもつ児童相談所とは、選任までの対応についても協議しておく必要があるでしょう。

子どもは退所後実親の扶養義務を負わなければならないのでしょうか？

施設や里親から自立する（した）子どもが、実親に対して負わなければならない扶養義務について、次のような事例で教えてください。

事例1　父子家庭であるPは、父からのネグレクトで小学校5年生から施設入所。中学に入ってからは父の面会は全くありませんでした。Pはがんばり屋で、高校を卒業する来春には、スーパーへの就職が決まっています。しかし、就職が決まった直後に突然父から連絡が来ました。今のところ何も言ってきていませんが、父の生活は荒れているようです。

事例2　Rは2年前に施設を退所。法人の基金と後援会の補助等を活用し、アルバイトもしながら大学に通って、夢を実現させるためがんばっています。先日、Rに、その母が住む地域の福祉事務所の生活保護担当から「母への援助ができないか」との問い合わせがあったようです。父の暴力に耐えかねて出ていった母とRは、既に10年以上も会っておらず、本人は母に対して複雑な思いを抱いています。

現在他者から経済的支援を受けて就学中のRさんはもちろん、間もなく高校を卒業して就職するPさんも、自らの生活を切り詰めてまで親の扶養をする義務はありません。2人ともまずは自身の生活を維持するのが最優先です。支援者は、「現状、あなたは法律上実親に何の義務も負っていない」と本人にははっきり伝え、仮に父母から本人に連絡があっても本人が負担感を抱かないようにしてあげることが重要です。

民法上の「扶養義務」の範囲とは

扶養義務者については民法877条に規定があり、親子及び兄弟姉妹は互いに扶養をする義務があるとされています。

もっとも、この扶養義務の程度については、解釈上、次のように考えられています。

経済的に自立していない子どもに対する親の扶養義務は、「生活保持義務」といわれる責任の重いもので、俗に「最後に残された一片の肉まで分け与えるべき義務」と説明されます。つまり、扶養をする義務のある人が、自分の生活にも不足するようであったとしても、経済的に自立していない子どもの親は、その稼ぎを子どもに分け与えなければならないとされているのです。

これに対して、経済的に自立した子どもの父母に対する扶養義務は、「生活扶助義務」といわれます。これは俗に「自分の腹を満たして後に余ったものを分けるべき義務」と説明されます。つまり、まずは自分の相応の生活を維持しつつ、それでも親の最低限度の生活を支援することができる程度の余裕がある場合に、父母を扶養しなくてはならないというものです。

つまり、子どもとしては、まずは自分やその家族の生活を維持することを優先し、その上で余力があれば父母を扶養すべきであるということです。

生活保護との関係

生活保護には、「補足性の原理」（生活保護法4条）があります。これは、生活保護は、自らの全ての資産、能力を活用してもなお最低限度の生活を維持することができない場合に実施されるという考え方で、扶養義務者による扶養が生活保護に優先して行われるものとされています。

2013年の生活保護法改正により、生活保護を必要とする状態にある者の扶養義務者に対して、福祉事務所がその資産などを調査する権限が強化されました［＊1］。その後、特に親族の扶養義務についてより厳しく調査する運用がなされたところもあったようです。当時、芸能人の親が生活保護を受けていたことを巡って、その芸能人を非難する報道も盛んになされ、問題となりました。

しかし、この補足性の原理にある扶養義務の考え方も、あくまで前記の扶養義務の解釈を前提とするものです。すなわち、子どもの親に対する扶養義務は、まずは自分の相応の生活を維持しつつ、それでも親の最低限度の生活を支援することができるほどの余裕がある場合に、父母を扶養しなくてはならないというものです。

よって、子どもの生活がまだそのようなレベルに達していなければ、生活保護担当からの扶養照会に対しても、「金銭的援助は不可能」と回答すべきです。

親が子どもへの扶養義務を果たさない場合、子どもの親への扶養義務はどうなるか

親が子どもに対して、虐待を行っていたり、全く監護・教育の義務を果たしていなかったりした場合、成人した子どもはそんな親に対しても扶養義務を負わなければならないのでしょうか。

親子間及び兄弟姉妹の扶養義務（民法877条1項）は、三親等内の親族（民法877条2項）

と異なり、扶養される人から扶養する人に対し、例えば過去にひどい仕打ちがあったとか、自らは全く扶養義務を果たさなかったというような場合でも、当然に扶養義務がなくなるとは考えられていません。

そのような事情は、扶養の程度・方法について、当事者間の話し合い、あるいは、話し合いが調わずに裁判所が判断する際の要素の一つとして、考慮されるものとされています。

これらの事情を前提に、事例1と2について見ていきたいと思います。

子の就職後、実親が扶養を要求してくる場合

事例1のPさんが就職した後、父が扶養を要求してきたり金を無心してきたりした場合、Pさんは応じなければならないのでしょうか。

子どもの父母に対する扶養義務は、親側に「扶養の必要性」があり、子側に「扶養の余力」があって発生します。

「扶養の必要性」とは、扶養される人が、その資産または労働によって、自分の最低限度の生活を満たすことができない時に発生します。そのため、Pさんの父が就労できるのにしない場合、父には「扶養の必要性」はないと考えられ、Pさんが扶養請求に応じる必要もありません。

さらに、就職をしたばかりのPさんは、おそらく自力で生活するだけで経済的にも精一杯でしょうから、一般的には「扶養の余力」もないということができます。

すなわち、Pさんには自らの生活を切り詰めてまで父の扶養に充当するまでの義務はありません。

もっとも、Pさんとすれば、父に対する思いは複雑なものがあるでしょうし、自分が働き始めたら、父に多少はよい思いをさせたいと思うことも考えられます。しかし、新生活は思っている以上にお金がかかりますし、実際に生活を始めないと

わからない出費もあります。現実に自分の生活が確立できるまで、まずは自分のことを最優先に考えるよう、周囲の大人がよくアドバイスする必要があるでしょう。

実親の受ける生活保護で子どもが扶養を求められた場合

事例2のRさんも、現在大学生であり、第三者からの支援を受けながら生活している状態なので、「扶養の余力」があるとはいえず、母の扶養をする具体的な義務はありません。したがって、生活保護のケースワーカーからの問い合わせや扶養照会への回答にもその旨を伝えればよいでしょう。

なお、大学卒業後、就職して、自らの生活を維持しても余りある収入を得るようになった場合には、扶養義務が発生する可能性はあります。しかし、扶養義務者が複数ある場合、その扶養の程度及び方法は、当事者間の話し合いがまとまらなければ、家庭裁判所の審判で決定されます。その際に、過去、母親がRさんの養育にどのくらい貢献したのかも考慮されることになるでしょう。

Rさんが結婚して、配偶者や子どもなど扶養家族をもった場合には、その生活の維持が優先されます。そのため、扶養家族を養ってもなお余力がある場合のみ、母に対する扶養義務が発生することになります。

［＊1］厚生労働省社会・援護局保護課「生活保護法改正法の概要」

Question

29

4節　子ども等の行為と委託先の責任

家庭養育推進のための一時的な里親宅外泊問題発生時の責任の所在はどこに？

Q

当施設では、家庭や地域での生活体験を増やす目的で、小学校低学年の子どもたちが、里親宅での週末外泊を積極的に行っています（週末里親）。週末里親は、原則として、児童福祉法による里親登録をしている方とし、事前に施設での面接、里親宅への訪問を行います。子どもとの交流は、週末里親に事前に施設に来てもらうことから始め、子どもが日帰りで週末里親宅に行き、子ども・週末里親・施設の合意の上で泊まりに進みます。

原則として実親（親権者）に報告し、さらに実親が誤解しないように、「生活体験」の目的であることを伝えるとともに、万一の事故のために、施設の経費・手続で、週末里親には「ボランティア保険」に加入してもらいます。

しかし、実親が週末里親との交流に反対している時に交流させても大丈夫なのか、週末里親宅で事故が起こったらどうなるのかという声が施設にはあります。そのような懸念については法律的にはどのように考えればよいのでしょうか。

施設養育の一環で、子どもの利益のために施設長が必要と判断した場合は、実親の反対の理由を検討した上で、週末里親と交流することは可能です。週末里親宅で、その里親の不注意で生じた事故などにより、子どもがけがをするなどした場合、公務員の職務行為に準ずるとして、施設に委託をした自治体が、まずは責任を負うことになります。

施設養護中の家庭養育体験の推進政策

最近の社会的養護では、子どもたちにより家庭的な環境を提供することが求められるようになっています。→Q1

我が国でも、厚生労働省が2011年に里親優先の原則を明記した「里親委託ガイドライン」を策定し、家庭的養護を積極的に推進する流れを明確に打ち出しました。同年7月にとりまとめられた「社会的養護の課題と将来像」[*1]によれば、「週末里親」は、家庭的生活を体験することが望ましい児童養護施設の入所児童について、施設が週末や子どもの夏休みを利用して依頼する仕組みで、里親研修を終えた未委託の登録里親を週末里親等に活用することで、その後の里親委託につなげたり、週末里親の経験を積んでから養育里親の登録につなげたりする役割が期待されています。こうした家庭的養護の受け皿の裾野が広がることは、子どもにとって、望ましいものと思います。

しかし、実際の現場では、実親が里親との交流に反対している場合の対応や、里親宅で子どもが事故に遭ってしまった場合などの責任問題が気になるところでしょう。

ここではこの場合の法律関係を考えてみます。

親権者が子どもと週末里親との交流に反対する場合

週末里親との交流は、その子どもの監護にかかわる事項です。子どもが施設に入所している時は、親権者がある子どもの監護に関し、施設長はその子どもの福祉のために必要な措置をとることができるとされています(児童福祉法47条3項)。➡Q14

そのため施設長は、週末里親との交流が子どもの福祉に必要かどうかを踏まえ、実施するか否かを判断していくことになります。その必要性の判断は、問題となっている事柄の重要性、親権者の主張の理由、その合理性、当該措置の必要性の程度、問題となっている児童の福祉の内容、代替手段の有無等に照らして、個別事情に応じて判断される必要があるとされています[＊2]。

週末里親との交流は子どもに、家庭での生活体験の機会や、円滑に家庭養護へ移行する可能性を提供することになるので、一般的には「子どもの福祉のための必要性」は認められると思います。しかし、例えば親権者が反対する理由が、「もうすぐ家庭復帰の予定だが、週末里親の方針が家庭の方針と違うと、子どもが混乱する」といったものであれば、一概に親権者の主張が不当ともいいきれません。また、一般的には、週末里親との交流は、子どもの権利条約9条3項に基づく実親との面会交流ほど子どもの成長発達にとって必要不可欠なものとまではいえませんし、家庭復帰が予定されているのであれば、家庭における養育環境を提供する必要性もそれほど高くはありません。それでも施設長が実施するのであれば、そのような親権者の懸念を踏まえても、その交流が子どもの福祉にとって必要だという、より高いレベルの合理的理由が求められることになるでしょう。

他方で、子どもが強く望んでいるにもかかわらず、親権者が反対する理由が自分の利益のみを目的としているような場合には、子どもにとっての必要性を説明しても理解が得られないようであれば、親権者の意に反しても交流を開始する判断もあるかもしれません（児童福祉法47条4項）。この点、ガイドラインでは、児童福祉施設・里親等においてこれらへの該当性の判断に迷う場合には、児童相談所が相談、助言等の援助を行い、児童の福祉の観点から適切な対応をとるものとされているので、児童相談所にも相談し、間に入ってもらって調整してもらうことを検討してもよいかもしれません。➡巻末参照③

里親宅で子どもが事故に遭った場合の法律関係

週末交流をお願いした里親宅で、子どもが事故に遭った場合の法律関係はどうなるでしょうか。

週末里親に故意・過失がある状況で子どもが事故にあったとすれば、その子どもに対する不法行為となるので、里親は子どもに対して、損害賠償義務を負うことになります。

仮に、その週末里親が以前にも同様の事故を起こしており、それを知りながら施設がその里親宅に外泊させていたとか、アレルギーなど親権者が反対していた理由がありながら施設が十分把握しておらず、事故につながった場合などは、安全配慮義務の観点から、施設にも問題があったとして施設の責任も問われることがあるでしょう。

こうした場合の里親や施設の責任の所在については、児童福祉法27条1項3号措置により児童養護施設に入所中の子どもAが他の入所中の子どもBに重篤な傷害を負わせ、被害児Bが県と施設に対し損害賠償を請求したという判例が、指標の一つになります。

この判例では、施設職員が「保護監督注意義務」を果たしていなかったと認められた事案で、県の児童相談所の措置で入所した子どもの、入所後の施設における養育監護は、「都道府県の公権力の行使にあたる公務員の職務行為」、つまり本来施設入所措置を行った地方自治体［＊3］が行うべき事務を、児童養護施設が委譲されて行っているものと理解するべきであるとしました。

そのため、児童養護施設の職員等の行為を国家賠償法1条1項の公務員の職務行為とし、その職員個人は民事上の損害賠償責任（民法709条・不法行為責任）を負わないとするとともに、その職員の使用者たる社会福祉法人も使用者責任としての損害賠償責任（民法715条）を負わないとしています。➡巻末参照④

もっとも、国家賠償法1条2項は、「公務員に故意又は重大な過失があったときは、国又は公共団体は、その公務員に対して求償権を有する」［＊4］と規定しているので、里親や施設に故意や重大な過失があった場合には、いったん被害者に賠償をした自治体から、後日、その里親や施設に対し、損害賠償請求される可能性はあります。

前記の通り、週末里親との交流は養育監護の一環として施設による判断でなされます。その中で子どもが事故に遭った場合は、週末里親側に故意過失があって発生したものだったとしても、施設の職員に故意過失があった場合の前記の最高裁判例に準じ、損害賠償請求は措置の責任主体である自治体に対する国家賠償請求として起こされるものと思われます。

［＊1］児童養護施設等の社会的養護の課題に関する検討委員会・社会保障審議会児童部会社会的養護専門委員会「社会的養護の課題と将来像」2011年7月

［＊2］磯谷文明、町野朔、水野紀子編集代表『実務コンメンタール児童福祉法・児童虐待防止法』有斐閣、2020年、552頁

［＊3］都道府県、指定都市、それ以外の個別に政令で指定している市（児童相談所設置市）、特別区の場合もある

［＊4］求償権とは、誰かが他の人の代わりに支払いなどをした場合、その他人に対して支払を求めることができる権利。この場合、国または公共団体が賠償責任を負い、かつその公務を行った者に故意または重大な過失があった時は、国または公共団体がその者に支払を求めることができるということ

Question 30

里子が委託中にゲームで課金解除後に信販会社から請求がきました里親が負担すべきですか？

Q

里子に、連絡用で里親名義のスマートフォンを使わせていましたが、委託解除後、信販会社からの請求で、子どもがゲームで課金をしていたことが判明しました。

それなりに高額だったため、実親に請求をとも考えましたが、実親の経済的状況や自分の管理責任を考えると、言いづらいものがあります。現在、スマートフォンのゲームはとても簡単に課金ができてしまうため、なかなか管理しきれません。

里親用の賠償責任保険には入っていますが、里子が第三者に与えた損害は広くカバーされるものの、里親に与えた損害はカバーされない場合もあるようです。里親のパソコンやゲーム機が壊れても適用されないという話を聞きますから、「ゲームの課金」はさらに難しいように思います。

この場合、信販会社と契約している里親本人が使ったわけではないので、不正利用として、信販会社の保険などでカバーできないのでしょうか。信販会社に支払う前に、何かした方がよいのでしょうか。

本ケースの場合、信販会社の補償は対象外となりそうです。事業者に対しては、法律上は契約無効と考えられるものの、それを立証することは難しく、支払った金額を戻すのは手続的にも大変です。支払前なら「抗弁の接続」で支払を回避することは可能かもしれません。いずれにしても、このような事態を回避する事前の防止策が肝要です。

多くの信販会社の補償は対象外

不正利用として信販会社から補償を得られるかどうかは、里親とその利用している信販会社との契約内容によります。しかし、一般的には、家族や同居人による不正利用の場合や、暗証番号の入力が必要な場合は補償対象外となっているようです。

最近では、スマートフォンの課金には通常、ゲームコンテンツアカウントあるいはキャリア決済の暗証番号等の入力が必要となっていますので、本ケースのような事案で信販会社の補償の対象となるということはあまり期待できないように思われます。

クレジット契約の法的関係

信販会社との契約(いわゆるクレジット契約)は、本人と事業者〔本ケースの場合、ゲームのプラットフォーム事業者〔＊1〕及び信販会社(カード会社)〕との三者契約となっています。本人が商品を購入した代金を、まずは信販会社が事業者に立替払いし、その金額を本人が一括あるいは分割で信販会社に払います(**図1**)。

もし、本人が事業者に対し、法的にその代金を支払わなくてもよい事情(後記無効や取消事由など)がある場合は、そのクレジット会社に対し立

図1　クレジット契約の法的構成

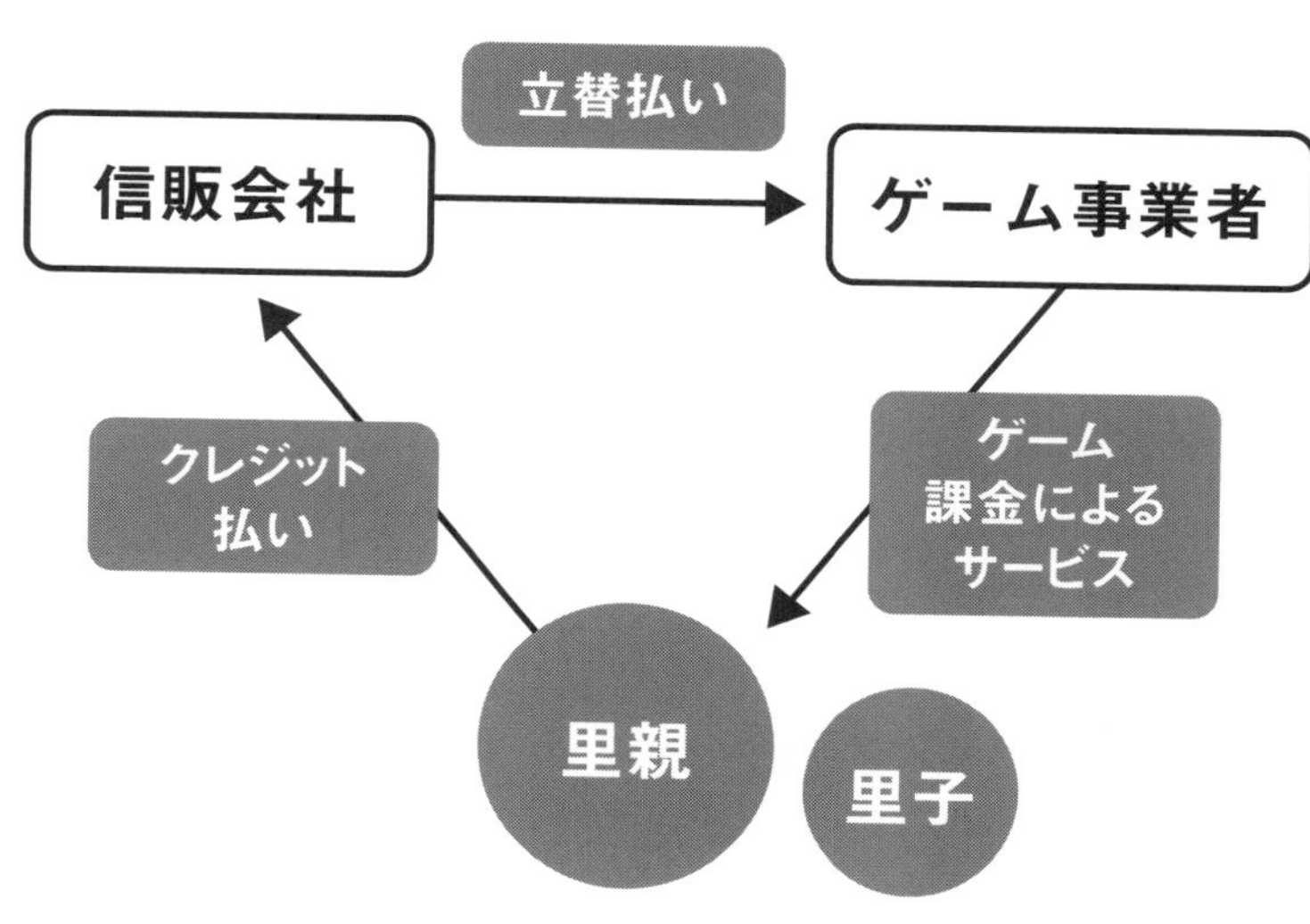

替金の支払を拒否することができます〔割賦販売法30条の4「抗弁の接続」。ただし、政令指定金額（4万円）未満は適用外〕。

プラットフォーム事業者へ契約無効・取消の主張ができるか

本ケースでは、クレジットの名義人である里親本人がアイテム等を購入する意思がないのに、ゲーム課金されたことが問題となっているのですから、里子によるアイテムの購入が無効あるいは取消ができないかを検討してみましょう。

契約の効果（拘束力）は、契約当事者双方の意思が合致することによって発生します。里親自身はゲーム課金を意図していないのですから、ゲーム課金という法的効果を及ぼす意思はなく、よって、ゲーム課金契約の効果は里親本人に生じない、すなわち契約無効であるということが本来いえるはずです。また、契約の効果を発生させる行為をしたのが未成年者であることから、未成年者取消(民法5条2項)も考えられます。

ただし、オンラインゲームの場合、誰が実際にゲームをしていたか(里親がゲームをしていなかったこと)を証明することが困難であるという問題があります。

さらに、未成年者取消の場合、未成年者が「詐術を用いた」、つまりだました時は取消せないとされています(民法21条)。未成年者が年齢を入力する画面に成人年齢を入力したなどの事情が、「詐術を用いた」にあたるかは、個別具体的な事情を総合考慮した上で、実質的な観点から判断されるものとされています[*2]。

すなわち、本ケースのような場合は、「未成年者の場合は親権者の同意が必要である」旨を申込画面上で明確に表示・警告した上で、申込者に生年月日等の未成年者かどうかを判断する項目の入力を(虚偽の入力を予防しつつ)求めているにもかかわらず、未成年者が虚偽の生年月日等を入力したという事実だけでなく、さらに未成年者の意図的な虚偽の入力が「人を欺くに足りる」行為といえるのかについて、他の事情(未成年者の年齢や、そのウェブサイト等がどの程度未成年者を対象として誘引しているかなど)も含めて総合判断されているのです。

つまり、里子が年齢を偽ってゲームを開始していた場合、未成年者取消ができるかどうかは、現実に裁判になってみないとわからないといえます。これは事業者にとってもリスクといえるので、そこに交渉の余地がないわけではありません。

当該業者(プラットフォーム事業者)の対応についての情報を消費生活センターがもっている場合もあるため、まずは、最寄りの消費生活センター等へ相談してみてください。

支払を拒否したままにしておくと、里親自身が信販会社からの請求裁判に対応しなければならなくなる、あるいは信用情報のブラックリストに掲載されてしまうといったデメリットも考えられます。そのため、むしろこのような事態に陥らないよう、事前の対策の方が重要です。

オンラインゲーム課金トラブルの原因と予防策

独立行政法人国民生活センターでも、子どもがゲームを利用したことによるオンライン課金トラブルの問題については再三警鐘を鳴らしています。

その相談事例から見る特徴として、**表1**の問題点が指摘され、その上で保護者へのアドバイスとして、**表2**のような事前の対応が挙げられています。

里親も保護者として、**表2**のような対応については留意するよう、日頃から十分心がけておく必要がありそうです。

［＊1］　インターネット上でゲームコンテンツを配信するとともに、有料コンテンツの場を運営する事業者のこと

［＊2］　経済産業省「電子商取引及び情報財取引等に関する準則」2022年4月、77頁

表1　子どものオンラインゲーム課金トラブルでみられる問題点

・両親や祖父母など、保護者のスマートフォン端末を子どもに使わせている
・保護者用アカウントでログインした家庭用ゲーム機を子どもに使わせている
・決済時のパスワードを設定していなかった
・クレジットカードの管理が十分ではなかった
・決済完了メールを見落としていたため、課金に気づかなかった
・子ども自身にお金を使っているという認識がない

表2　子どものオンラインゲーム課金トラブルを防ぐために

・オンラインゲームで課金する場合のルールを家族で話し合おう
・保護者のアカウントで子どもに利用させない
・保護者のアカウントで子どものアカウントを管理・保護できる「ペアレンタルコントロール」を利用しよう
・やむを得ず保護者のアカウントを子どもに利用させる場合、保護者が子どもの「課金を防ぐ」「課金に気づく」ために、事前に保護者のアカウントの設定を確認しよう

【出典】表1・2とも独立行政法人国民生活センター ホームページ「『スマホを渡しただけなのに…』『家庭用ゲーム機でいつの間に…』子どものオンラインゲーム課金のトラブルを防ぐには?」より一部改変

Question 31

外泊時、親権者の加害で入所中の子どもが死亡しました法的責任はどこにありますか?

Q

父母の離婚調停の結果、精神疾患を抱える父が親権者となったSは、父自身から「養育が難しくなった」と訴えがあり、5歳の時に施設入所しました。父は、当時住んでいた町からSの施設のある市に転居し、Sと定期的に交流していました。

Sは、週末に父宅への外泊を続け、父子の関係は良好に見えましたが、小学校5年生の外泊時、父がSを伴って無理心中してしまいました。

非親権者である母が、施設と措置権者である県に対して、「必要な措置を怠った」として、損害賠償を求める訴訟を起こすと聞いています。

措置中の子どもの面会交流実施中に起きた事故・事件では、何が「責任の有無の基準」になり、施設・措置権者の各責任はどうなるのでしょうか。また、非親権者への対応はどうすればよいのでしょうか。こうしたことはどこでも起こり得るため、親子間の面会交流に慎重になってしまいそうです。

今回の結果について施設側が「予見可能」で、その予見に基づいて「結果回避」できたとみなされる場合、損害賠償責任を負うことになります。その場合でも、まずは措置権者である児童相談所の設置自治体（都道府県等）が国家賠償責任を追及されます。一方で、実親である母には、子どもの死亡について丁寧な説明による情報開示が必要でしょう。

面会交流中の事故の法的責任

今回のような面会交流で外出中の事故について、親からの、施設等や児童相談所に対する損害賠償請求が認められるか否かについて見ていきましょう。

一般的には、次の2点が、損害賠償請求が認められるかどうかの判断に関係してくるでしょう。

①面会交流の実施によって、その子どもが危険に陥るようなことが「予見可能」な状況があったかどうか（予見可能性）
②その予見に基づいて結果を回避することが可能であったどうか（結果回避義務）

親との交流は、子ども自身の権利として、子どもの権利条約9条3項においても尊重すべきものとされています。Q10 そして、本ケースは親権者である父からの養育困難に基づく施設入所であり、虐待による保護の場合とは異なり、基本的に親権者でもある父との定期的な交流を制限すべき理由はありません。

よって、施設側の責任が問われるとすれば、
①面会実施前、父に、虐待することを予見させるようなそぶりがあって、それを施設側が常識的に見れば気づくべき状況だったか
②面会交流を中止することで、その結果の発生

が避けられたにもかかわらず、面会交流を実施したのか。つまり、面会を実施した場合の

具体的な危険性が予想できたか

という点にかかわってくると思われます。①②の事情があったにもかかわらず、面会を許容したとすれば、施設側の安全配慮義務違反が認められることはないわけではありません。

ただ、誰が第一に責任を負うのか、という観点でいえば、まずは入所措置の判断権者である地方自治体の責任が問われる（訴訟の相手方となる）ことになります。

最高裁判所は、施設入所後の施設における養育監護は本来都道府県が行う事務であり、児童養護施設長は児童福祉法27条1項3号に基づく入所措置に伴い、本来都道府県が有する公的な権限を委譲され、都道府県のために行使するもの、と判断しています。→Q29 →巻末参照④ 結局、施設長の面会交流の判断が仮に違法と判断されたとしても、まずは子どもを施設入所措置した地方自治体が国家賠償としてその責任を負うことになっているのです。これは、措置として行われている里親委託の場合も同じです。

もっとも、行為者（本ケースでは施設長。里親委託の場合は里親）に故意または重大な過失があった時は、措置権者たる地方自治体が被害者に対して損害賠償責任を果たした後、その地方自治体から応分の負担（求償）を求められることはあり得ます（国家賠償法1条2項）。

子ども死亡後の非親権者への対応

事件後の非親権者（本ケースの場合は実母）は、Sさんの単独の相続人となります。Sさんに対して現実に加害行為をした実父に主たる責任があることは明らかですから、実母はSさんの親権者である父に対する損害賠償請求権を相続する立場にあります。

また実母は、Sさんの親として子どもが亡くなっ

たことに対する固有の慰謝料請求権を有していることにもなります（民法711条）。

仮に施設等にも過失が認められる可能性があるような場合は、その非親権者である実母とのかかわりは、既に話し合いが始まっていたり、裁判になっていたりするのであれば、事件を担当している専門家や児童相談所と相談の上、個別具体的事情に応じて対応していく必要があると思います。

これから話し合いを始めるという段階であれば、まずは何がどういう原因で起こったのか、親権者ではなくても子の親である以上、誠実に説明を尽くす必要があるでしょう。裁判例でも、死亡した未成年者の個人情報につき、父母自身の個人情報として非親権者からの開示請求を認めた地裁判決があります［＊1］。

その上で謝罪や損害賠償などの要求があった場合には、専門家や児童相談所と具体的な事情を踏まえて相談しつつ対応することが必要になります。

面会交流の意味

本ケースは結果として大変悲しい出来事になりましたが、このようなことが起こったからという理由で、他のケースでも親子の面会実施が委縮するようなことがないようにしたいものです。

前述した子どもの権利条約9条3項にあるように、親子の交流は、それが子どもの最善の利益に反すると判断される場合を除いて、子どもに保障されるべき、子ども自身の権利といえるからです。

Q10
このケースでも、継続的に交流を続けてきて問題がなかったとすれば、基本的に、親子の交流を否定する理由はなかったものと思われます。

面会実施直前に、親の精神状態に特別な悪化がうかがえるなど、親との面会交流が子どもに害を及ぼす「特段の事情」があるような場合には、施設入所措置後は、施設長が子どもの監護に関する判断として、親子の面会の是非を判断することになります（児童福祉法47条3項）。
一方で、里親の場合には親の状況につき十分な情報をもっていることは通常あまりないので、現実には児童相談所の判断を仰ぐことになると思われます。

［＊1］ 山口地裁判決平成30年10月17日「死者が未成年者である場合には、相続人たる地位を有する父及び母は、（中略）当該未成年者にかかる（中略）個人情報を自己の個人情報として、開示請求をする適格を有するものと解するのが相当である。なお、生前の親権の有無については、親権制度が子を監護養育する者の権利義務を定めて当該子の福祉・利益を保護するためのものであることに照らし、親権に服する子の死亡後は、親権の有無によって子との関係を別異に扱う必要はないというべきである」

Question 32

度重なる子どもの犯罪行為被害者からの民事上の損害賠償責任は施設・里親が負うことになりますか？

Q

施設に入所中のT（高校2年生、療育手帳・精神障害者保健福祉手帳所持）が地域で異性の下着を盗んでしまいました。

中学在学中も同様の問題が起こっていましたが、地域には児童心理治療施設がなく、施設は担当地域の児童相談所に児童自立支援施設への措置変更を相談しました。結局、高校卒業を重視し、Tの養育は施設で継続することになったものの、Tに法に抵触するトラブルが再びあった場合は施設での養育が困難とし、児童相談所が一時保護で対応することを文書で確認していました。

約1年間、施設がTに対応したものの、今回同じ問題が発生してしまったため、確認の通り児童相談所に一時保護を依頼。一時保護所に空きがなく、約2か月後に一時保護となりました。

この2か月の間にTがまた同じ問題を起こした場合、その責任は誰が負うのでしょう。また、被害当事者から施設や保護者に損害賠償を求められた場合、どこまで対応する必要があるのでしょうか。

また、子どもが小学生など、より若年の場合は、どう対応すればよいでしょうか。

措置児童が加害者で、子どもに12歳程度以上の判断能力があり責任能力があるとされる場合、子ども自身の損害賠償責任と都道府県の国家賠償責任が問われます。一方、子どもに責任能力がない場合、親や施設などの監督義務者責任が追及されます。しかし、施設や里親の責任については、措置入所であれば、まずは措置をした地方自治体が被害者に対して国家賠償責任を負うことになるでしょう。

この質問では、措置中の子どもが第三者に対して違法な加害行為（「不法行為」という）を行った場合の、被害者に対する民事上の法的責任、つまり損害賠償責任が問題となっています。

以下、本ケースに沿って説明していきます。

子どもに12歳程度以上の知能があれば不法行為能力がある

未成年であっても、自分の行為に法律上の責任があることを十分理解できる能力があれば、違法な行為についての責任（不法行為責任）の能力がある、とされています。それは一般に12歳程度の判断能力が目安とされています。つまり、Tさんが障害を抱えていても、自分の責任を理解できないほどではなく、12歳程度以上の判断能力があると判断されていれば、Tさん自身に不法行為責任が認められることになります。

ただし、未成年者に責任能力がある場合でも、その親権者や施設長などに監督上の注意義務違反があり、それが加害による損害という結果に原因を与えた場合には、加害をした子どもとは別途、親権者や施設長なども損害賠償責任を負うものとされています。この監督上の注意義務違反は、そ

の子どもの加害行為につき予見可能性があり、結果回避義務を怠った場合に認められます。Q31

本ケースでは、施設がTさんの養育監護を行っているので、監督上の注意義務違反は、施設との関係で問題になります。Tさんは既に同様の事件を起こしているため、再度同種の事件を起こした場合には、その予見可能性があるとみなされるかもしれません。

もっとも、Tさんは高校生という高年齢児童で、職員等の指導監督により及ぼすことができる影響は限定的であることの方が考慮されれば、施設において監督上の注意義務を怠っていたとみなされないという結論になるかもしれません。

一方で、「どうせ一時保護になるから」などと、施設が前回の問題行動後何の指導も行っていなかった、というような事情があれば、結果回避義務違反を問われるおそれもあります。

もっとも判例では、仮に施設に監督上の注意義務違反がある場合でも、都道府県による措置入所の場合には、都道府県には国家賠償法1条1項に基づく損害賠償責任を認める一方、職員及び施設の不法行為責任は負わないとしています。Q29 巻末参照④

よって、仮に施設に一定程度の法的責任があるとみなされる場合、加害者に対する賠償責任は、措置をした地方自治体が負担することになります。

以上より、Tさんに責任能力があることを前提とすると、一時保護される前に同種の問題を起こした場合、まずはTさん自身が被害者に対する損害賠償責任を負うことになります。そして、施設に監督義務違反が認められるような事情がある場合であっても、被害者に対する実際の賠償は、まずは措置自治体が行う、ということになります。

子どもが小学生以下なら監督義務者の責任は重く解される

前に述べたように、不法行為の責任能力があるとされる年齢は一般的に12歳程度以上のため、このようなことを起こした子どもが小学生以下の場合の責任のあり方はまた異なります。

つまり、子ども自身は、不法行為の責任能力がない(民法712条)ものとして賠償責任を負わず、親権者やその子どもを監護している施設等（以下、監督義務者等）に、その監督義務者としての責任や代理監督責任（民法714条1・2項）が問われることになると思われます。

前記のように、子どもが中高生の場合は、子ども本人が損害賠償責任を負った上で、さらにその監督義務者等に監督上の義務違反が問われる可能性があることになります。この監督上の義務違反の存在は被害者の方で証明する必要があります。

これに対し、子どもが小学生の場合は、監督義務者等である親権者や施設に、より重い監督義務が課せられています。そのため、監督義務者責任では監督義務者（このケースでは施設）側に「監督義務者がその義務を怠らなかった」、または「その義務を怠らなくても損害が生じた」点を証明する責任があり、それを証明できないと損害賠償の責任を負うことになります。

この監督義務者としての義務の免責が認められることは、従前から非常に難しいとされてきました。２０１５年に、親権者の監督義務者責任の免責が認められた判例［*1］が出たものの、その判断の範囲がどこまで及ぶのか、つまりどのような場合に監督義務者としての責任が免責されるのか、いまだ判然としていない状況です。

もっとも、仮に施設の側に監督義務違反があるとされても、被害者との関係では、都道府県が国家賠償責任を負うという前記の判例があるため、施設は直接損害賠償責任を負わず、措置をした地方自治体がまずは国家賠償責任を負う、という結論となります。

［*1］最高裁第一小法廷判決平成27年4月9日。親の直接の監視下にない子どもの行動について、「通常は人身に危険が及ぶものとはみられない行為によってたまたま人身に損害を生じさせた場合は、当該行為について具体的に予見可能であるなど特別の事情が認められない限り、子に対する監督義務を尽くしていなかったとすべきではない」とした

Question 33

5節 措置終了後のかかわり

措置終了後も、施設長等がずっと子どもの連帯保証人に……リスク軽減できませんか？

Q

現在40歳のUは、自立援助ホームに入所していた元措置児童で、約10年前に今住んでいるアパートを借りました。当時借金があり保証協会を利用できなかったため、Uが以前入所していた自立援助ホームのホーム長が連帯保証人となり、ホーム長の知人が所有するアパートを借りることになりました。

Uは当初家賃を納めていましたが、数年前から支払いが滞り、滞納が多額になりました。ホーム長が連帯保証人をやめたいと申し出ると、大家に別の連帯保証人を求められました。やむなくUに退去を促しても引っ越す気配はなく、やや強引にホームの関連住居に転居させたものの、ホーム長は大家から滞納家賃120万円の支払いを求められました。

このように、施設長や里親が、措置終了後も子どもの自立支援のために、個人で連帯保証人や身元保証人になることも少なくありません。既にしている保証契約は、やめることができないのでしょうか。

また、今後退所する子どもの保証人になる場合は、どんなことに留意する必要があるでしょうか。

2020年施行の改正民法により、個人が賃貸借契約の保証人になる場合は極度額（上限額）を定めなければ無効とされることになりました。そのため、改正前の賃貸借契約の保証が継続されている場合には、賃貸借契約の更新時にあらためて保証を継続するかどうかを検討する余地があります。措置・一時保護解除等間もない退所者の賃貸借契約に保証が必要な場合は、「身元保証人確保対策事業」の利用を検討しましょう。

退所者の連帯保証人等の引受け

アパート賃貸借の連帯保証人、就職に伴う身元保証人の確保は、児童養護施設や自立援助ホーム職員、養育里親などにとって、非常に頭の痛い問題だと思います。親族などを頼ることができない子どもが多い中、施設職員等が、退所直後だけでなく、退所から相当時間経過した者から頼まれることも少なくないのが実情でしょう。

措置・一時保護解除等から間もない人の場合なら、全国社会福祉協議会が行っている「身元保証人確保対策事業」の対象となる可能性があります。この制度を利用すれば、保証人として負うことになった損害を一定の限度内でカバーできます。

しかし、本ケースのように退所してからしばらく経っている退所者の場合には利用できません。こうした場合に施設長等が身元保証人や連帯保証人となるかどうかは、保証する契約の内容を十分理解した上で判断する必要があります。

（連帯）保証人の責務とその範囲

一般に保証人は、主たる債務者（本ケースでは退所者）が負った債務を払えない時に、代わりにこれを支払う義務を負います。保証人が負う責任の範囲は、債務の元本、利息、違約金、損害賠償その他その債務から発生する全てのものが含まれます（民法447条1項）。

賃貸借の保証であれば、その保証の範囲は、未払賃料や違約金、賃貸借契約解除後立ち退きまでの賃料相当額等の損害賠償金にまで及びます。

そして、裁判例では、原則賃貸借契約の保証については、相当期間が経過したからという理由で、保証人から一方的に解約はできないとされています［＊1］。更新についても、特に更新後は保証しない意思をうかがわせる特段の事情のない限り、保証人は更新後の賃貸借についても保証の責任を負うものとされています［＊2］。

改正後の賃貸借契約の保証は責任の上限額を決めることが必要

以前は、賃貸借や就職、就学の際の保証額には上限がなく、賃料が未払になって相当期間が経過してから請求が来る場合など、保証人に過度な負担がかかるといったことが問題となっていました。

そのため、2020年4月1日に施行された改正民法では、個人である保証人が負うべき責任の極度額（上限額）を定めない保証契約は無効とされました（民法465条の2）。

つまり、同日以後に保証を求められた場合には、契約書上の極度額を見て引受けるかどうかを判断することができます。改正後の実務では、極度額は、13か月以上24か月以下の月額賃料を考慮して設定されているものが半数程度を占めているようです［＊3］。

他方、2020年4月以前に締結された保証契約では、保証人側は、契約の更新時に新法が適用されているかどうかを意識する必要があります。

賃貸住宅の場合、賃貸借契約期間は2年間のものが多く、改正民法の施行から既に2年が経過しているので、多くの賃貸借契約は既に更新の機会があったと思われます。しかし、その保証契約については、前記の判例の通り、特段の事情のない限り保証人は更新後の賃貸借についても保証の責任を負うとされています。つまり、元の賃貸借契約が更新されても、保証契約に当然に改正民法が適用されるわけではないのです。

ただし、この民法改正は、個人の保証人を保護することが目的です。国土交通省の公表資料でも、改正前の民法のもとで交わされた賃貸借契約の更新をする時には、保証契約も一緒に極度額を決めて合意をとることが望ましいとしています[＊4]。

２０２０年４月以前に締結した保証契約を継続してほしいと言われたら、まずはその趣旨が、改正後の内容で新たに保証契約を締結するという趣旨なのか、契約書に極度額が明記されているかを確認しましょう。もし明記されていなかったら、貸主側に、「保証を継続するとしても、新たに保証契約を締結することを考えている。あらためて保証契約を締結する場合の契約内容を提示・説明してほしい」と要求し、極度額を確認して、保証を継続するかどうかを検討しましょう。

施設長等が保証した結果、本人の債務を肩代わりすることになった場合、その施設長等は本人に対し求償権[＊5]をもつことになります(民法４５９条)。つまり、それ以後、施設長等と本人は債権者と債務者という対立する関係になってしまうのです。本人をサポートしていく立場として、そのような関係になるのは本来望ましいことではありません。

そのため、こうした契約更新を機に、保証債務の継続を断ることも、十分検討に値すると思います。

この点、国土交通省の出したＱ＆Ａでは、連帯保証人と極度額の協議が整わなかった場合には、連帯保証人との保証契約は成立しないとして、「家賃債務等については、家賃債務保証業者を利用しましょう」としています[＊6]。

こうした資料を参考に、貸主に対しては、家賃債務保証事業者を使うよう交渉しつつ、本人が働けないような状況があれば、生活保護の利用などにつなぐといったことを考えるべきでしょう。

退所直後の賃貸借契約の場合

本ケースとは異なり、高校卒業と同時に退所する、あるいは委託解除される予定の子どもに、住居の賃借を支援する場合はどうでしょうか。

その場合の賃貸借契約の保証については、措置・一時保護解除等から5年以内に、前記の身元保証人確保対策事業に加入していれば、施設長や里親等が保証人になって万が一賠償することになっても、賠償額のうち一定額を補償してもらうことが可能です。

このような事業を積極的に活用して、支援者自身も負担なく本人を支援することを考えるべきです。

[＊1] 大審院判決昭和7年7月19日
[＊2] 最高裁第一小法廷判決平成9年11月13日
[＊3] 国土交通省住宅局住宅総合整備課賃貸住宅対策室「改正民法施行に伴う民間賃貸住宅における対応事例集『極度額』及び『賃借物の一部使用不能による賃料の減額等』についての現場での対応状況」2021年3月、8頁
[＊4] ＊3の対応事例集、4～5頁
[＊5] 保証人として賃貸人に支払った金額について、本人に返還を求める権利
[＊6] 国土交通省「民法改正を受けた賃貸住宅標準契約書Q＆A」

問題行動を重ねつつ退所した子どもが刑事事件を起こしました　どう対応すればいいですか？

Vはたびたび問題行動を起こしつつも、高校卒業と同時に施設を退所して6年、派遣社員としてなんとか働いていました。しかし最近、派遣の更新を打ち切られ、スーパーで食料品などを万引きして逮捕されてしまいました。こうしたことを繰り返してきたため、起訴の可能性は高いと思います。Vのように、施設入所中または里親委託中に育ち直り／育て直しの時間が足りない子どもは、社会に出てから現実との対応を通したケアが重要です。

裁判をVの育ちに益する経験とするために、施設側が支援できることは何でしょうか。裁判では、「親に恵まれず児童養護施設で育ったこと」を強調し、裁判官に情状酌量を訴えるだけに終始しがちと聞きます。また、実際には国選弁護人との十分な打ち合わせは困難とも聞きます。よく相談できる弁護士を別に依頼できるような、制度的支援はあるのでしょうか。また、18歳を超え措置延長中の者に同様な刑事事件の問題が生じた場合、刑事訴訟上、17歳以下の子どもと同様の処分になるのでしょうか？

裁判における情状弁護も、本人の振り返りの一助となるのではないでしょうか。被疑者国選弁護制度を活用し、勾留中の早い段階から国選弁護人と綿密に連絡をとり、Vさんの更生に向けて十分協議を重ねることも可能です。

刑事裁判における国選弁護人のかかわり

Vさんは、高校を出て6年目ということなので、現在24～25歳の若年の成年でしょう。

このケースの質問者の願いは、今回の刑事裁判を、Vさん自身にとって今までの生活について考え直し、自立に向けて再出発するきっかけとなるようなものにしたいということだと思います。

こうした考え方は、少年事件では常に基底にあるスタンスですが、実は刑事事件の情状弁護にも通じるところかと思います。

２００６年10月から、起訴前の段階で捜査機関から身柄拘束（被疑者勾留）を受けている被疑者も、捜査段階から国選弁護人を選任することができる被疑者国選制度が始まりました。現在はその対象事件も拡大され、被疑者勾留中の全ての被疑者について、被疑者国選弁護人の選任の機会が与えられるようになりました（刑事訴訟法37条の2）。

通常は、被疑者段階から就任した国選弁護人が、公判まで継続して担当することになります。

その意味では、被疑者が弁護人の援助を受ける権利は以前より守られ、弁護人が関与する期間も長くなったので、支援者である施設側と弁護人とが十分な協議ができる可能性はより高くなったといえるでしょう。

国選弁護人との厚い協力体制を

以上を踏まえて本ケースを見ると、施設側から国選弁護人に対し、今回の裁判を本人に再犯防止に向けてよく考えさせる機会にしたい、そのために施設側と弁護人がどのような役割分担をしていくか、十分に協議したい、と早い時期から積極的に申し入れて一向に構わないと思います。

また、本人の今後の更生に資するために、どのような社会資源がどこにあって、どうすればVさんを更生に適切な環境下に置けるのか、早い時期に施設側と相談して把握できることも、弁護人にとっては有益なはずです。Q35

なお、国選弁護を利用せずに、任意に弁護人を依頼するとなると、私選弁護人の選任となってしまい、弁護士費用の問題が避けられません。私選弁護人の費用を工面できるのであれば問題ありませんが、そうでなければ、まずは選任された国選弁護人と施設とで、本人の再犯防止、立ち直りのための弁護方針を十分に協議すべきではないかと思います。

18・19歳の「特定少年」が起こした刑事事件の場合

では、本ケースのような事例で、本人が措置延長中の18・19歳だった場合はどうでしょうか。

未成年者（14歳以上の場合）が刑法に定められた罪を犯した場合、少年の事件は、基本的に全て家庭裁判所に送られ、その処遇を判断する手続については、刑事訴訟法の特則である少年法が適用されます。ただし、死刑、懲役にあたる罪の事件で、家庭裁判所が刑事処分が相当と認めた場合は、成人と同様に刑事裁判所に起訴され裁判・刑罰を受ける「検察官送致（逆送）」となります。なかでも重大な事件は原則的に逆送となります（原則逆送対象事件）。

なお、改正少年法では、成人年齢引下げにより成人となった18・19歳の者については、「特定少年」として、引き続き少年法の適用対象としつつも、17歳以下の少年とは異なる扱いをすることになりました（2022年4月1日より施行）。例えば、18・19歳の「特定少年」に対する原則逆送対象事件の範囲が拡大し、故意の犯罪行為で被害者を死亡させた罪の事件（殺人罪等）に加えて、現住建造物等放火罪、強盗罪、強制性交等罪、組織的詐欺罪等は、原則として逆送されることになりました。

つまり、今後、措置延長中の18・19歳の者も、内容によっては、少年法ではなく刑事事件の対象となる可能性が拡大することを意味します。

施設を退所した者が逮捕・釈放……身元引受をする際更生に適切な施設とは?

Q

W（成人）は、児童養護施設退所後4年目に、詐欺グループの受け子として犯罪に加担し、警察に起訴勾留されました。入所中の補導歴や、退所後の多少のもめ事もあったものの、警察に勾留までされるのははじめてです。今回もし、執行猶予がついたとしても、その後の身元引受が必要です。成人したWについて施設長が身元引受をする法的な義務はありませんが、Wには身寄りもなく、本人から施設を頼って連絡がありました。

これまでのWの住まいに戻せば、詐欺グループの関係者に再び連絡がとれてしまい、更生に適切な環境でないことは明らかです。しかし、施設には退所者が長期滞在できるような設備はなく、生活している子どもへの影響を心配する声もあって、施設で引受けるのは難しいです。こうした場合の釈放後の身元引受で利用できる滞在施設・制度などを教えてください。

釈放後すぐに住む場所がない場合、更生緊急保護制度を利用して更生保護施設に入所できます。その施設の利用が適さない場合は、同制度や生活福祉資金貸付制度等を利用して、当座の生活費を確保し民間の宿泊場所でしのぎつつ、福祉事務所に生活保護申請をして、アパート等に入居することも検討しましょう。

勾留→釈放後 身元引受時に利用できる制度とは

最近、オレオレ詐欺等の関与についてはかなり厳しく対応されている状況があるため、本ケースだと正式起訴、実刑となる可能性もあります。しかし初犯で、かつ事件に巻き込まれたような状況があれば、執行猶予がつく可能性もあるでしょう。

勾留中でも、勾留が解かれる可能性があれば、弁護人または検察官からその後の生活の段取りについて確認がなされることも少なくありません。その退所者が、身柄釈放の当日から既に生活できる場所がない、という状況にあるのであれば、更生保護施設や自立準備ホームで最長6か月の保護が受けられる、「更生緊急保護」［＊1］や「緊急的住居確保・自立支援対策」［＊2］の利用が考えられます。利用しようとする場合には、事前に公判担当検事に連絡しておく必要があるようです。

しかし、近時は更生保護施設等にもなかなか入れない状況となっているようですし、施設によって雰囲気もさまざまで、若年成年が生活するのに適当かどうかは慎重に検討する必要があります。

更生保護施設等が利用できない、あるいは利用が適当でない場合には、当座の生活保護制度の利用も手段の一つです。釈放直後の生活費だけはとにかく更生緊急保護で支給してもらい、勾留が解かれたその足で、前日まで勾留されていた警察署を管轄する福祉事務所に行き、生活困窮者自立支援制度の一時生活支援事業（宿泊場所や衣食を供与）［＊3］、あるいは生活保護の申請をすることが考えられます。

本人が生活保護制度の利用を希望しているのであれば、弁護人から福祉事務所に話を通してもらっておき、釈放後、同行してもらうとよいと思います。もし、弁護人が生活保護申請までつないでくれない場合、生活保護申請について、日本弁護士連合会の援助制度を利用して弁護士の支援を受けられる［＊4］可能性があるので、地元の弁護士会等に確認してみてください。

申請が通るまでの短期間の寝食にも困るようであれば、社会福祉協議会からの借入制度（「生活福祉資金貸付制度」［＊5］など）や、一時生活支援事業を利用する、あるいは、保護の即日開始決定を受け、民間の宿泊施設等を利用するという方法もあります。

保護決定後、一時扶助（アパート等に入居するための費用）を受けてアパート等に入居すれば、落ち着いて仕事を探すこともできるでしょう。

施設・里親等は精神的支援を

このように、利用可能な物的支援はないわけではありませんが、精神的支援という意味では、当の本人が育った施設・里親等との関係に代わるものはないと思います。

さまざまな事情から、物的な援助は提供できない場合でも、ぜひ、精神的な支援は継続していただければと思います。

［＊1］法務省ホームページ「『更生保護』とは」内「応急の救護等及び更生緊急保護」参照
［＊2］法務省ホームページ「行き場のない刑務所出所者等の住居の確保～更生保護施設等の役割～」参照
［＊3］一般社団法人生活困窮者自立支援全国ネットワークホームページ「困窮者支援情報共有サイト」内「一時生活支援事業（居住支援含む）」参照
［＊4］日本弁護士連合会ホームページ「生活保護の申請手続」参照
［＊5］全国社会福祉協議会ホームページ「福祉のガイド　福祉の資金（貸付制度）」参照

第3章

子どもの身分に関する手続

この章では、身分関係、すなわち子どもの家族・親族にかかわる関係を扱います。日本国民の身分関係を公に証明する方法としては、「戸籍」があります。また、親子の身分関係を作るものとして、「養子縁組」があります。

本章では、戸籍、在留資格、養子縁組などを含めた、子どもの身分等にかかわる手続について見ていきましょう。

市長判断で遺棄児の戸籍を作成 戸籍の内容から、遺棄事実は 子どもに知れてしまうでしょうか？

Q

遺棄事件で保護された新生児のXは、乳児院に措置され、市長の命名で戸籍が作られました。その後、母は逮捕され、「生活苦で仕方なく、すぐ見つかる場所に遺棄した」と述べ、実刑判決を受けました。

乳児院では、退所後の母子関係修復の可能性を探り、母との面会を重ねました。母は、将来母子一緒の生活を夢みる一方で、遺棄の罪悪感に苛まれ、「Xがいつか戸籍を見れば、わたしに遺棄された事実を知ってしまう」と混乱しています。

こうしたケースでは、最初の市町村長作成の戸籍は破棄され、遺棄事実は抹消されるのでしょうか。誰がいつ、どのような手続をすればいいのか、母の心配に応えるためにも、教えていただきたいと思います。

また、例えば遺棄児の身元が不明なまま（親が現れないなど）の場合は、遺棄児の人権擁護のために、法律上どのような手立てがあるのかについても教えてください。

出生届により親の戸籍に入った場合の記載は、通常の戸籍とほぼ変わりません。ただし、棄児発見調書による戸籍は除籍・保存されるため、本人が除籍謄本まで取得した場合は事実を知ることもあり得ます。親が現れない場合、原則、棄児発見調書による戸籍のままとなります。特別養子縁組が成立すると、一定の戸籍編製を経て養親の戸籍に入ることになります。

遺棄児の戸籍の作成

父母や身元が不明の乳児・幼児が発見され、その子どもの出生届がなされているか不明で、出生届出義務者も不明または存在しない場合には、市町村長がその子どもに氏名をつけ、本籍を決め、これを記載した「棄児発見調書」を作成します。その調書に基づいて、その子どもの戸籍（①）が編製されます（戸籍法57条2項）。

発見された当時、身元不明であった新生児Xさんも、この棄児発見調書に基づいて戸籍編製・記載されたものと思われます。

なお、既に子ども本人がある程度判断能力を有する年齢に達していて戸籍がない場合には、本人の将来に対する影響等を考慮すると、本人の申立による「就籍」[*1]という手続による方がよい場合もあります。

遺棄児の引き取りと戸籍の訂正手続

遺棄児の父または母が判明し、その父または母が子どもを引き取った場合、子どもを引き取った日から1か月以内に出生届を提出しなければなりません。この出生届に基づいて、子どもは親の戸籍（②）に入籍します（戸籍法59条）。

ここで棄児発見調書によって編製された先の戸

籍（①）と重複してしまうので、それを解消するために、市町村の戸籍課に戸籍訂正申請手続が必要となります。この場合の戸籍訂正申請は、家庭裁判所の許可は不要とされています。

そのため、本ケースについても、母がXさんを引き取る際、1か月以内にXさんの出生の届出と戸籍訂正申請をし、戸籍の訂正をすることになります。

ただし、本ケースでは、出生届を提出する際に、母子関係をどのように証明するか、という問題はありそうです。通常、母子関係を証明するための資料として、出生証明書や母子健康手帳等の提出を求められますが、Xさんの母が出生証明書等を持っておらず、刑事裁判の記録等でも母子関係を証明できない場合には、家庭裁判所で、母子関係を確認する手続が必要となる可能性があります[＊2]。

新戸籍に遺棄の事実が残るか

出生届が受理された場合、遺棄の事実は抹消され普通の戸籍と同じになるか、という点については、前記②の戸籍では通常の出生届による戸籍の記載とほぼ同様となります。出生届によって編製された戸籍②の記載は、届出日が出生日よりかなり遅くなりますし、市町村長により命名した名前によるべきものとされますが、通常利用の範囲内で取得する戸籍は、普通のものとほぼ変わらないといえます。

一方、最初の戸籍①は、破棄されません。①には戸籍消除の事実に加え、「引取日」「引取人」（例：母）「引取人の戸籍」「引取人氏名」「申請日」「消除事由」（例：引き取り）が記録され、除籍として保存されることになります。

そのため、Xさんが成長し、自身の除籍謄本まで取得することがあれば、その記載を目にすることはあり得ます。

親が現れない場合

本ケースとは異なり、全く親が現れなかった場合は、家庭で安定して養育される環境を早期に整えてあげるのが、Xさんの最善の利益に資するといえるでしょう。

Xさんはまだ幼少なので、まずは、特別養子縁組の制度が考えられます。➡Q41 特別養子縁組が許可されれば、子どもは「民法817条の2による裁判確定」として養父母の戸籍に入籍することになります。

何らかの理由で特別養子縁組が難しく、そのまま施設にいる場合は、施設長が親権代行者となっていることが多いと思いますが、親権を行使する者がいない場合にあたるので、未成年後見人を選任することもできます。➡Q5 この場合、戸籍は棄児発見調書により編製された戸籍①のままとなります。

[＊1] 家庭裁判所が申立に基づいて、本人が①日本国籍を有している、②戸籍法110条1項に規定する「本籍を有しない者」である、と判断して決定する手続。➡Q37 就籍許可決定書の謄本と就籍届書を市区町村の戸籍窓口に提出することによって、本人の新戸籍が編製される。この場合、本人は家庭裁判所に許可された氏を称し、戸籍の父母欄は空欄になる

[＊2] 母が母子関係確認調停・訴訟を申立てることになる。その手続の中でDNA鑑定などを行い、母子関係が証明されること

国籍不明の外国人女性が産んだ子ども国籍はどうなりますか？特別養子縁組に支障がありますか？

Q

外国人と思われる女性（話し方や容ぼうから推測。日本語は流ちょうではない）は、病院でYを産むとすぐに「育てられない」というような意思を見せ、乳児院に預けることを希望しました。

しかしその後、その実母は具体的な国籍や居所、連絡先を明確にしないうちに、入院費用も払わず退院してしまい、そのまま消息不明になってしまいました。

Yは乳児院に措置されましたが、この時点でYの戸籍を作るべきでしょうか。その場合、どのような手続が必要で、国籍はどうなるのでしょうか。

Yは今後、養育里親に委託され、里親家庭で安定的に過ごすことができれば、特別養子縁組をすることになる可能性が高いと思われます。こうした戸籍上・国籍上の問題で後々の養子縁組に困難や面倒が生じないようにするために、一番よい方法をお教えください。

母との母子関係が証明でき、母の国が血統主義をとっている国なら、Yさんは母の国の国籍に入ります。母との母子関係が証明できず、父母の所在が全くわからないような場合、Yさんは「就籍」の制度を利用して日本国籍を取得する可能性があります。が、家庭裁判所への申立等の手続が必要です。養子縁組も、Yさんの国籍によって手続が異なります。将来子どもが社会に出てから困らないよう、大人がかかわっている間に子どもの国籍をはっきりと定めておくことが大切です。

子どもを「戸籍」に記載できるか

日本で出生した子どもの戸籍について検討するにあたっては、まず、「その子どもが日本国籍を取得しているのかどうか」を検討する必要がありま

す。なぜなら、日本で「戸籍」とは、「日本国民」を記載するものだからです。日本は血統主義［＊1］をとっているので、日本で出生したからといって当然に日本の「戸籍」を取得できるわけではないのです。まずは、その子どもにつき、誰と誰の間で親子関係が発生しているといえるかを考える必要があります。

この点で、母子関係が証明できる場合とできない場合に分けて説明していきます。

（1）母子関係が証明できる場合

法的な母子関係は分娩の事実により成立します。国籍法2条で、「子は、次の場合には、日本国民とする」とし、その1号で「出生の時に父又は母が日本国民であるとき」と挙げているため、通常、日本人の母親から生まれた子どもは、出産した産院でその母から生まれたことを証明する出生証明書を添付して役所に届出をすることで、日本人として戸籍に記載されます。

本ケースでは、Yさんは病院で出生しているので、母が分娩した事実を出生証明書などで証明してもらうことができます。仮に、その母の国籍が他の諸事情から判明し、その国が血統主義をとっているのであれば、Yさんは母の国の国籍を取得することになります。

ただし、その国の大使館等に出生の届出をしなければ、その国の国民として登録されず、パスポートの発行なども受けられません。日本の役所に出生届を提出したとしても[＊2]、その母の国の国民として当然に登録されることにはならないので、注意が必要です。

施設等に措置されている子どもの中には、日本ではある国の国籍として外国人登録されていても、実はその国では登録されておらず無国籍ということもよくあるので、大使館等に確認が必要となるかもしれません。

---

(2) 母子関係の特定が困難な場合

出生証明書が得られない場合、出生市区町村から法務局へ照会し、法務局から指示された出生に関する資料を提出できれば、母子関係が認められることもあります。

しかし、それでも母子関係が証明できず、母もどこにいるかわからないため母子関係確認調停・裁判[＊3]などもできない場合に、乳幼児の場合はQ36の棄児発見調書（戸籍法57条）による戸籍の創設、ある程度大きくなっている場合は国籍法2条3号の「日本で生まれた場合において、父母がともに知れないとき、又は国籍を有しないとき」として、「就籍許可」の手続を検討することになります。就籍許可手続とは、本人が日本国籍を有しない場合に、家庭裁判所の許可をもって戸籍に記載する手続のことです（戸籍法110条、家事事件手続法39条、別表第1の123）。

前記国籍法2条3号の「父母がともに知れないとき」の意味について、裁判所は、「父及び母のいずれもが特定されないときをいい、ある者が父又は母である可能性が高くても、これを特定するには至らないときも、右の要件に当たるものと解すべきである」と判断しています［＊4］。

本ケースも、母が外国人らしいとはいえ、誰か特定できないのですから、そのような場合には、「父母ともに知れないとき」として日本国籍を取得できる可能性があります。

もっとも、その裁判手続を誰が行うかは問題です。本人がある程度の年齢になっていれば未成年者であっても自分で手続することが認められますが、その年齢に至っていない場合は、未成年後見人が選任されている場合は未成年後見人が、それがない場合には親権代行者が［＊5］、一時保護中や里親委託中の場合は児童相談所長（児童福祉法33条の2第1項・47条2項）が、施設入所中の場合は施設長（同法47条1項）が手続を行う必要があります。同手続の中では、出生後の生育状況、生活歴、学籍などとともに、本人の外ぼう、言語などについても、家庭裁判所調査官による調査が行われ、その上で就籍につき判断されます。また、各所に照会もされますので、事前に、母の情報・所在などについて、調査できるところはしておく必要があります。調査を行うのは、現実的には児童相談所でなければ難しい場合もあるため、児童相談所に協力を求めておく必要はあります。

就籍の許可審判が出た場合には、市区町村の戸籍窓口に就籍届書及び審判書の謄本を提出し、子どもは日本人として戸籍に記載されることになります。

国籍により、前提となる法が異なれば養子縁組等の手続も異なる

Yが養子候補になる場合も、Yが外国人と扱われるのか、日本人と扱われるのかで異なります。未成年普通養子縁組も、特別養子縁組も、家庭裁

判所の手続を経ます。その適用法に関し、その子どもの国籍、すなわち子どもの本国法について、当然家庭裁判所で手続の前提問題として確認されることになります（法の適用に関する通則法31条）。

たとえ養子縁組をしなくても、子どもの国籍の所在は、子どもがどの国の国民として登録され保護されるかという問題のため、極めて重要です。子どもの権利条約7条1項でも、子どもの国籍をもつ権利が定められています。

周囲の大人としては、子どもが後で国籍がないことで困ることのないよう［＊6］、かかわっている間にきちんと確認し、無国籍状態を解消しておくべきだと思います。

［＊1］「血統主義」とは、その国の国民の子どもに国籍を与える制度のこと。一方、「出生地主義」とは、その国で出生した子に国籍を取得させる制度のことで、アメリカなどでとられている

［＊2］戸籍法49条1項・2項は、外国人であっても、日本国内で出産した場合には14日以内に出生届を提出することを求めている

［＊3］通常、この手続内でDNA鑑定を行い、母子関係を確認する

［＊4］最高裁判決平成7年1月27日

［＊5］施設長が親権代行者として就籍申立をした事案として、横浜家裁平成15年9月18日審判など参照

［＊6］パスポートを取得できない、婚姻しようと思った時に婚姻要件具備証明書がとれないなどの不利益が発生する恐れがある

Question 38

外国籍の子どもの在留資格 これからのために どうとればよいでしょうか？

Q

現在児童養護施設で暮らしている外国籍の子どもZ（高校2年生）は、保護者のネグレクトにより入所し、その状況は現在も同じです。現在持っている在留カードの在留資格は、「特定活動」で、その旅券添付の「指定書」には、「〇〇児童相談所長が行った児童福祉法第27条第1項第3号の規定に基づく措置により『児童養護施設××』に入所した者が行う日常的な活動（収入を伴う事業を運営する活動又は報酬を受ける活動を除く）」とあります。

施設としては、子どもが社会に出た時に困らないようにアルバイトをさせたいのですが、前記の理由からできない状況です。あと1年で高校卒業ですが、今後、日本で就職か進学をする場合、Zの在留許可についてはどのような選択ができるのでしょうか。大学に進学してもアルバイトができないと、生活費を稼ぐことができません。

Zが日本で就職を選択し定住者となりたい場合は、法的にどのような手続が必要なのでしょうか。

本人が就学を希望し、在留資格を「留学」へ変更すれば、アルバイトが可能な資格外活動許可が認められる可能性があります。「定住者」への在留資格変更も、必要性を訴えることで可能となる場合があります。

資格外活動許可の内容と申請の実際

現在のZさんの在留資格である「特定活動」のままでアルバイトをするためには、制限時間内の範囲で就労することを包括的に許可する、「資格外活動許可」を得る必要があります。

資格外活動許可には、雇用主である企業等の名称や業務内容等を個別に指定する「個別許可」と、活動内容は問わないものの、原則1週に28時間以内であること、及び活動場所において風俗営業等が営まれていないことを条件とする「包括的許可」があります。この風俗営業等には、性風俗業のみならず、パチンコ店等におけるアルバイトも入るため、注意が必要です。

現実には、アルバイトなどの単純労働については、「留学」または「家族滞在」以外の在留資格の場合はなかなか認められにくい傾向にあるようです。さらに小中高生の場合には、基本的に、資格外活動許可はなじまないとの考えから特に慎重に判断されるようで、包括的許可はもとより、個別許可の場合でも、学校からアルバイトに関する取扱いや本人の事情を聴取されることになるようです。

具体的な資格外活動許可申請の標準処理期間は2週間～2か月とされているので、許可申請をしてみてもよいと思います。その場合は、法務省の資格外活動許可申請のホームページ[*1]で申請書等をダウンロードし、本人の居住地を管轄する地方の入国管理局に本人が出向いて申請することになります。

在留資格変更の可能性

在留資格変更には、①新たに取得しようと考えている在留資格該当性、②変更を適当と認めるに足りる相当の理由（出入国管理及び難民認定法（入管法）20条3項）を満たしていることが必要です。

以下、進路の方向で場合分けをして見ていきましょう。

（1）就業の場合

Zさんの就業先として決まった業務が、「入管法別表第一」（法務省出入国在留管理庁「在留資格一覧表」［＊2］参照）に該当する類型のものであれば、その職種に応じた在留資格に変更する必要があります。

もっとも、日本の高卒就業で、これらの就労資格を得ることは非常に困難というのが実情です。

（2）進学の場合

Zさんが進学した場合には、「留学」資格への在留資格変更が考えられるのではないでしょうか。

前記の通り、「留学」資格の場合は、就労先にかかわらず、資格外活動許可が得られる可能性があります。

もっとも、その時間内のアルバイトで以後の生活が成り立つか、あらかじめシミュレーションしておく必要があるでしょう。

定住者への変更について

外国人の上陸許可で「定住者」の在留資格を得られるのは、告示で定めているものだけ、と規定されています（入管法7条1項2号）。このため、定住者への変更も、「定住者告示」［＊3］に掲げられている者がする場合は比較的スムーズです。

一方で、告示外の者の場合は、個々に活動の内容を判断して入国・在留を認めるものとされていて、そのための審査基準もあります。

本ケースの場合、定住者告示には該当しないと思われるので、告示外の個別許可を求めていくことになります。

Zさんの場合、親権者の状況や保護の経緯、その後の生活状況、自立支援の必要性などを訴えて、定住者への変更を求めることになります。本人のみではその情報収集は困難ですので、児童相談所・施設等も協力することが望ましいでしょう。

なお、最近、法務省より、父母等に同伴して日本に在留している外国人が高校等卒業後に日本で就労する場合、「家族滞在」から「定住者」へ（日本の小中学校を卒業し高校卒業見込みの場合）の在留資格変更を認める運用が公表されています[＊4]。これを踏まえると、本ケースにおいても在留資格を「定住者」に変更できる可能性はあるものと思われます。

[＊1] 法務省出入国在留管理庁ホームページ「資格外活動許可申請」

[＊2] 法務省出入国在留管理局ホームページ「在留資格一覧表」

[＊3] 法務省告示「出入国管理及び難民認定法第7条第1項第2号の規定に基づき同法別表第2の定住者の項の下欄に掲げる地位を定める件」（1991年10月28日第220号）に規定されている内容

[＊4] 法務省出入国在留管理局ホームページ『「家族滞在」の在留資格をもって在留し、本邦で高等学校卒業後に本邦での就労を希望する方へ』

父が異なる姉弟の姓を同じにするにはどのような手続が必要ですか？

現在施設入所中の姉弟には以下の経緯があります。

① 母はAと結婚し姉を出産する。

② 母はAと離婚しBと結婚。弟を出産する。姉はBと養子縁組をしてB籍に入りB姓になるが、Bから虐待を受ける。

③ 母はBと離婚。姉の親権は母、弟の親権はBとなる。

④ その後、Bは行方不明。母は窃盗事件により受刑となったため、姉弟は同じ施設に入所する。

⑤ 母は受刑後、旧姓Cに変更する。

⑥ 姉は、虐待を受けていた養父のB姓から、母と同じC姓に変更したいが、B姓の弟とは同姓がよい。

質問1　姉弟ともC姓に変更するにはどうしたらよいですか。

質問2　父Bと連絡がつく場合は、質問1の答えとどう違ってくるでしょうか。

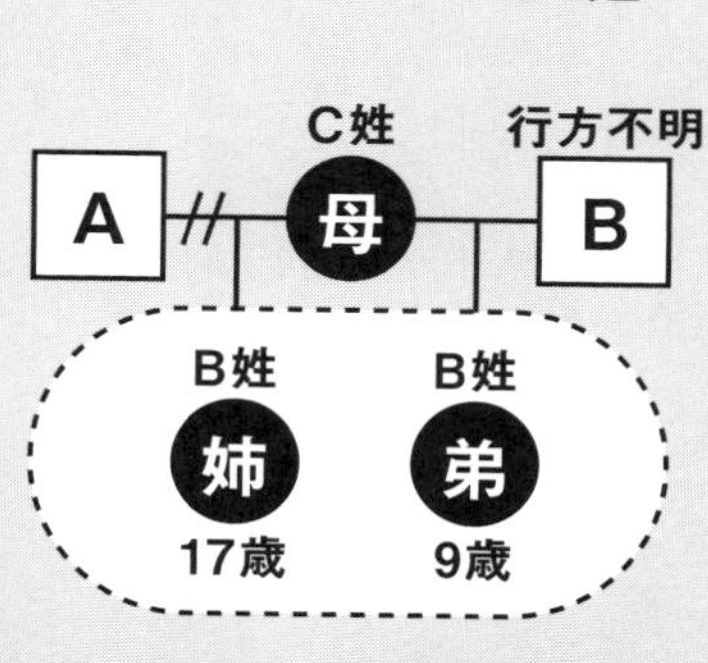

姉は、母の離婚後も養父Bの戸籍に入っているので、子の氏の変更あるいは離縁手続をして母の戸籍へ入ることでC姓になります。

一方弟は、そのままでは母が弟の法定代理人として手続ができないため、母が実父Bに対し親権変更審判を申立て、その後、子の氏の変更という母の戸籍に入れる手続をすることでC姓になります。ただし、父Bが現れて、弟の親権を争った場合、親権変更ができないこともあります。

異父姉弟ともにC姓に変更できるか

(1) 姉について

このケースでは、母が受刑後に旧姓Cに変更したということなので、母は離婚時にはB姓（すなわち婚姻の際に称していた氏）を続称することを選択していたと考えられます。

離婚時、いったん婚姻氏の続称を選択してしまうと、家庭裁判所による氏の変更許可の手続を経なければ復氏はできません（戸籍法107条1項）。そして、この氏の変更の効果は当該戸籍に在籍する者全てに及ぶと解されています。

もし、姉が母と同じ戸籍に入っていれば、戸籍筆頭者である母がC姓へ氏を変更することに伴い、姉の氏も母と同一戸籍内にある者として、当然に母の旧姓Cに変更されることになります［*1］。

母とBの離婚と同時に、姉とBの養子縁組を離縁し、母の戸籍への入籍届をしていた場合、あるいは、姉につき親権者として子の氏の変更をしていれば、離婚時に母の戸籍に姉が入っているので、姉は母の改姓と同時に母の旧姓Cに戻っていたはずです。

ところが、本ケースではそうなっていません。つまり、姉は母の離婚後も、養父Bと離縁がなく、子の氏の変更もなされていないため、いまだBの戸籍に入っている可能性があるということです。

姉が母と同じ戸籍に入るためには、①子の氏の変更をするか、➡Q40 ②Bと離縁をする必要があります。①の手続は比較的簡単ですが、姉とBとの養親子関係は切断されないので、将来扶養や相続などの問題が生じるおそれが残ります。他方、離縁については、Bは行方不明であることから協議離縁はできないので、離縁の訴訟により離縁をすることになります。離縁成立後、母と同籍する旨の入籍届をして、C姓になる、という手続が必要です。

(2) 弟について

弟の場合は、親権者が父Bとなっています。母と同じ氏を名乗るために弟が15歳に達していれば（民法791条3項）、弟本人が子の氏の変更申立をすることが可能ですが、本ケースではそうではないので、母が弟の法定代理人として手続を行うために、まず親権変更を経る必要があります。

父Bが不在の状態で親権変更を行うには、母が子の住所地の家庭裁判所に、弟についての親権変更審判を申立てる必要があります（民法819条6項、家事事件手続法3条の8）。家庭裁判所は、Bの所在も含め一定の調査を経た上で、子どもの福祉・利益に照らして適当と判断すれば、母に親権を変更する旨の判断をします。母はこの審判が確定したら、審判書謄本と親権変更届を役所に提出します。これで親権変更ができます。

しかし、親権変更の手続のみでは、父の戸籍内にある弟の戸籍部分に、親権者が母に変更になったことが記載されるだけです。さらに子の氏の変更許可審判を添えて、母の戸籍への入籍届を出すことにより、弟は母の戸籍に入り、その結果、弟の氏は母の姓に変更されます（民法791条）。

父に連絡がつく場合の対応

父に連絡がつく場合、姉に関しては、Bと協議離縁を行うことが考えられます。この場合は、離縁届を役所に提出すればよく、姉は既に15歳以上となっていますから、自分でこの手続ができます(民法811条2項)。

弟の親権変更については、父と連絡がつく場合であっても、家庭裁判所の手続外で行うことはできません。もっとも、父に連絡がつくのであれば、前記の家庭裁判所に対する親権変更審判の申立に代わり、話し合いで解決するための手続、つまり調停で親権変更することが可能です。この場合、申立てる先は、相手方の住所地の家庭裁判所か当事者が合意をした家庭裁判所となります。

ここで父Bが弟についての親権変更に同意すれば、親権者を変更することが調停調書に記載されるので、その調停調書の謄本と親権変更届を母が役所に提出すれば、親権変更ができます。その後の氏の変更の手続は、前記の姉の場合と同じです。

これに対し、父Bが親権変更を争い、調停で合意に達しなかった場合、親権変更の調停は審判の場で検討されることとなり、前記(2)で述べた親権変更審判の手続に入ります。

父が行方不明である前記(2)の場合と異なり、父に連絡がつく場合には、おそらくより慎重に親権変更の必要性が吟味されることになると思われます。なぜなら、仮に父Bの弟に対する虐待の事実がなく、他の事情によって弟が施設入所となり、一方で母が窃盗事件によって受刑していたこともある(つまり親権行使できない時期があった)という事情があるとすれば、家庭裁判所としては、弟についての親権を母に変更することが本当に弟の福祉・利益のためになるのか、より慎重に判断せざるを得ないからです。

実務上、裁判所は、特段の不都合がなければ現状維持とする傾向が強いといえます。そのため、父Bを親権者とした場合の弟の不利益がよほど大きいということでなければ、親権変更は認められず、弟のC姓への変更もできない、という結果になる可能性も念頭に置く必要があるでしょう。

[＊1] このような氏の変更は、民法上の氏の変更ではなく、身分関係の変動を伴わない「呼称上の氏の変更」といわれる

Question 40

虐待を受けた母の戸籍から退所時に分籍し、通称していた父の姓を今後も名乗ることはできますか？

現在17歳、児童養護施設で暮らすD子は、翌年、短大入学と退所を控えています。父（E田）とは幼少時に死別しており、母（F村）と生活していましたが、母から虐待を受け、小学3年生で施設入所となりました。現在、母はある施設で生活し、D子の所在は知らされていません。

D子は、戸籍上は母の氏の「F村D子」ですが、学校や施設内など、これまでの暮らしの中で使用していた通称の父の氏（E田）になじみがあり、退所後も母との関係に距離をおき、追及を避けるため、単独の戸籍を作り、その上で通称の父の氏（E田）を名乗りたいと考えています。施設や児童相談所としても、D子の成育歴や、母にD子の情報を秘匿していること等を考えると、D子の意向通り、分籍と氏（姓）の変更ができるならそれが望ましいと判断しています。

18歳で成人すれば、本人の手続のみで氏の変更ができるのでしょうか。その可否と、可能な場合の手続について教えてください。

また、退所後も母からの追及を回避するために法律上可能な手立てがあれば教えてください。

D子さんが18歳になり、成人に達すれば、自身で単独の戸籍を作ることができます（分籍）。その時に、住民票等の閲覧を制限する措置により、母から自身を守る対策を講じることができます。

分籍手続

本件において、F村D子さんは父の死別後母の戸籍に入り、戸籍上は母の氏（姓）を称しています。配偶者死別の場合、他方配偶者は婚姻前の氏に復することができます（民法751条1項）。D子さんの母は、死別に伴い復氏し、子の氏の変更手続により、D子さんも母の戸籍に入った結果、D子さんの戸籍上の氏もF村になっている状態と思われます。退所を控えたD子さんは、母の追及を阻止するために、母の戸籍から抜けて、単独の戸籍を作ること、すなわち分籍を考えているとのことです。

成人に達すれば、分籍届を本籍地に提出して、自分で分籍の手続が可能です（戸籍法21条）。その機会に、戸籍上も父の氏とするには、次の方法があります。

(1) 成人後1年以内の復氏

前記の通り、D子さんは、おそらく母による子の氏の変更手続き（民法791条1項）により、父の氏から母の氏に変更されていると思われます。親が死亡している場合、子の氏の変更手続きによっては、家庭裁判所の許可があっても、死亡した親の戸籍には入籍することができないというのが、戸籍実務の扱いです[*1]。

もっとも、D子さんのように、未成年の間に子の氏の変更がなされた場合は、成人に達した時から1年以内に届出ることにより、家庭裁判所の許可がなくても届出るだけで従前の氏に戻ることができます（民法791条4項）。この場合には、従前の氏を称していた父母が死亡していた場合でも、その従前の氏に変更することが可能です。この場合、原則として元の戸籍に戻るのですが、戻るべき戸籍がなくなってしまっている（消除されている）場合は新戸籍が編製されますし、そうでなくても成人した本人が申出をすれば新戸籍が編製されます。

よって、D子さんの場合、成人後1年以内であれば、子の氏の変更の届出のみで、母の戸籍から抜け、従前の氏であるE田の氏に戻ることができます。

（2）成人後1年を経過してしまった場合

なんらかの事情で、成人後1年を既に経過してしまった場合には、（1）の方法によって復氏することはできません。その場合、家庭裁判所に氏の変更の許可の審判申立をして変更することになります（戸籍法107条1項）。この申立は戸籍の筆頭者及びその配偶者ができるものとされているので、Dさんがこの手続をとるためには、まずは分籍によって自身が戸籍筆頭者になる必要があります。氏の変更の許可の審判申立が認められるには、本人にとって社会生活上氏を変更しなければならない真にやむを得ない事情があるとともに、その事情が社会的、客観的に見ても是認されるものであることを要すると解されています［＊2］。具体的には、長年その氏を使用してきた場合や、婚氏続称者が復氏する場合などが認められていますので、D子さんの場合も切実な事情があれば認められる可能性があります。

「氏の変更」以外のD子さん保護の方策

前記（1）（2）により分籍したとしても、母は、戸籍法10条により、戸籍記載者の直系尊属としてDさんの戸籍謄本等の交付請求はできてしまうことになります。母からの介入を阻止したいという

D子さんの目的に照らすと、戸籍の分籍や氏の変更といった方法によっては、D子さんの生活の平穏を守ることは難しそうです。

では、氏の変更以外に、D子さんが生活の平穏を母から守る方法があるでしょうか。

その一つとして、住民票等の閲覧制限（住民基本台帳事務における支援措置）をかけておく方法があります。本人の住所がたどられなければ、とりあえず本人の生活の平穏を維持することは可能です。そして、虐待を受けた子どもであれば、成人に達した後でも、この支援措置を受け得る可能性があります。

ただし、子どもから市区町村等にその申出があった場合、この支援措置が本当に必要かどうか、児童相談所や施設等に確認されることになっています。施設や里親等は児童相談所と連携して、どちらに問い合わせがあっても適切に対応できるようにしておく必要があるでしょう。

ちなみに、本人が未成年の場合でも、この措置は可能です。

それでも、母が住居や職場に押しかけてきて生活に支障が生じるようなことがあれば、面談強要禁止の仮処分という裁判手続をとることを検討せざるを得ないでしょう。➡Q4

この場合は、その必要性を裏付ける資料として、過去の虐待の記録はもちろん、明確にD子さんが訪問を拒絶した事実、警察等に相談した事実などを裏付ける記録（写真、メール等）を日頃からとっておく必要があります。

［＊1］木村三男監修『改訂 設題解説 戸籍実務の処理 Ⅷ 入籍・分籍・国籍の得喪編』日本加除出版、2014年、10～12頁

［＊2］大阪高裁決定昭和30年10月15日

特別養子縁組で、実父母の同意が得られない場合や同意が翻った場合はどうなりますか？

Q

数年前、G（4歳）の特別養子縁組の審判の中で、それまで縁組に同意していた実母が、「わたしが育てます」と言い、同意を翻しました。

実母の同意が得られないため、裁判所からは取下げの勧告がなされ、やむを得ずこの時は取下をしました。その後も結局、実母はほとんどGとかかわることはなく、とうとう連絡は途絶えました。

Gは審判取下後も里親家庭で過ごし、安定的に里親との生活になじんでいます。

特別養子縁組について、その後法改正があったようですが、本件のように、実父母が不同意と言っておきながら、現実には子どもの養育を完全に放棄しているような場合や、実父母が長期間行方不明で同意が確認できない場合はどう判断されるのでしょうか。法改正によって判断が変わるのでしょうか。

また、法改正により、実父母が中途で翻意することについて、何か変わった点はあるのでしょうか。

民法改正で、特別養子縁組成立手続が2段階になりました。児童相談所長が申立てる場合は、実父母の同意についても、児童相談所の調査・判断を基に適格確認審判を申立てます。また、この審判手続内で表示された実父母の同意は、一定の要件のもとでは、撤回できないことになりました。

特別養子縁組制度とその手続に関する法改正

特別養子縁組は、実父母との法的親族関係を断つという効果を発生させます。そのため、要件として、**表1**ア〜ウの3つが必要とされています。ただし、これら実親の同意の要件には例外があり、父母がその意思を表示することができない時、または父母による虐待、悪意の遺棄、その他養子となる者の利益を著しく害する事由がある場合はこの限りでないとされています（**表1**ウ'）。

2020年4月1日施行の改正民法では、特別養子縁組制度の利用を促進し、子どもが家庭的な

表1　特別養子縁組に必要な3つの要件とその例外

ア　特別の事情要件（民法817条の7前段） 実親による子どもの監護が著しく困難または不適当であるなど特別な事情があること
イ　必要性要件（民法817条の7後段） 子どもの利益のために必要であること
ウ　実親の同意要件（民法817条の6） 親権者・非親権者にかかわらず実父母［※］の同意がいること ウ'（ウの例外）　同意不要要件（民法817条の6ただし書） 以下の場合は実父母の同意は不要 ・父母がその意思を表示できない ・父母による虐待、悪意の遺棄、その他養子となる者の利益を著しく害する事由がある

［※］法的な父母である必要があり、認知していない父など生物学上の親であるのみでは足りない

環境のもとで養育される機会を拡大するために、養子となる者の年齢上限の引上げ、一定要件下での実親の同意撤回制限、児童相談所長の手続関与など、その成立要件の緩和、特別養子縁組成立手続の見直しをしています〔＊1〕。

具体的には、特別養子縁組で養子となる者の年齢の上限が、原則6歳未満から原則15歳未満に引き上げられ、特別養子縁組の養子になる可能性が広がりました。また、縁組成立の手続につき、「特別養子縁組成立審判」（②）に先立ち「特別養子適格確認審判」（①）を行うこととして、2段階に分けられました。①の手続では、実親の同意の有無や実親の監護が適当かどうか、つまり前記ア〜ウの要件及び同意がない場合の同意不要要件ウ'に該当するかどうかを、裁判所で判断することになります（**図1**）。

既に新法下での特別養子縁組もなされています。

本ケースで、Gさんが改正前の法律では特別養子縁組の養子となることができる年齢に既に達してしまっていたとしても、改正後の年齢引上げにより、特別養子縁組請求時に15歳未満であれば、再度特別養子縁組審判を申立てることができる可能性があります。

その際は、設問にある「実親の同意」や、その例外要件に該当するかどうかについては、もっぱら特別養子適格確認審判（①）の手続で審理されます。

特別養子適格確認審判手続の新設

改正前までは、養父母となる者（以下、養父母候補者）が特別養子縁組審判申立をするということになっており、私人である養父母候補者が、実父母の養育状況等を含む「ア 特別の事情要件」や「ウ' 同意不要要件」について、その主張を立証するための情報を得ることに限界がありまし

図1　特別養子縁組制度の法改正イメージ

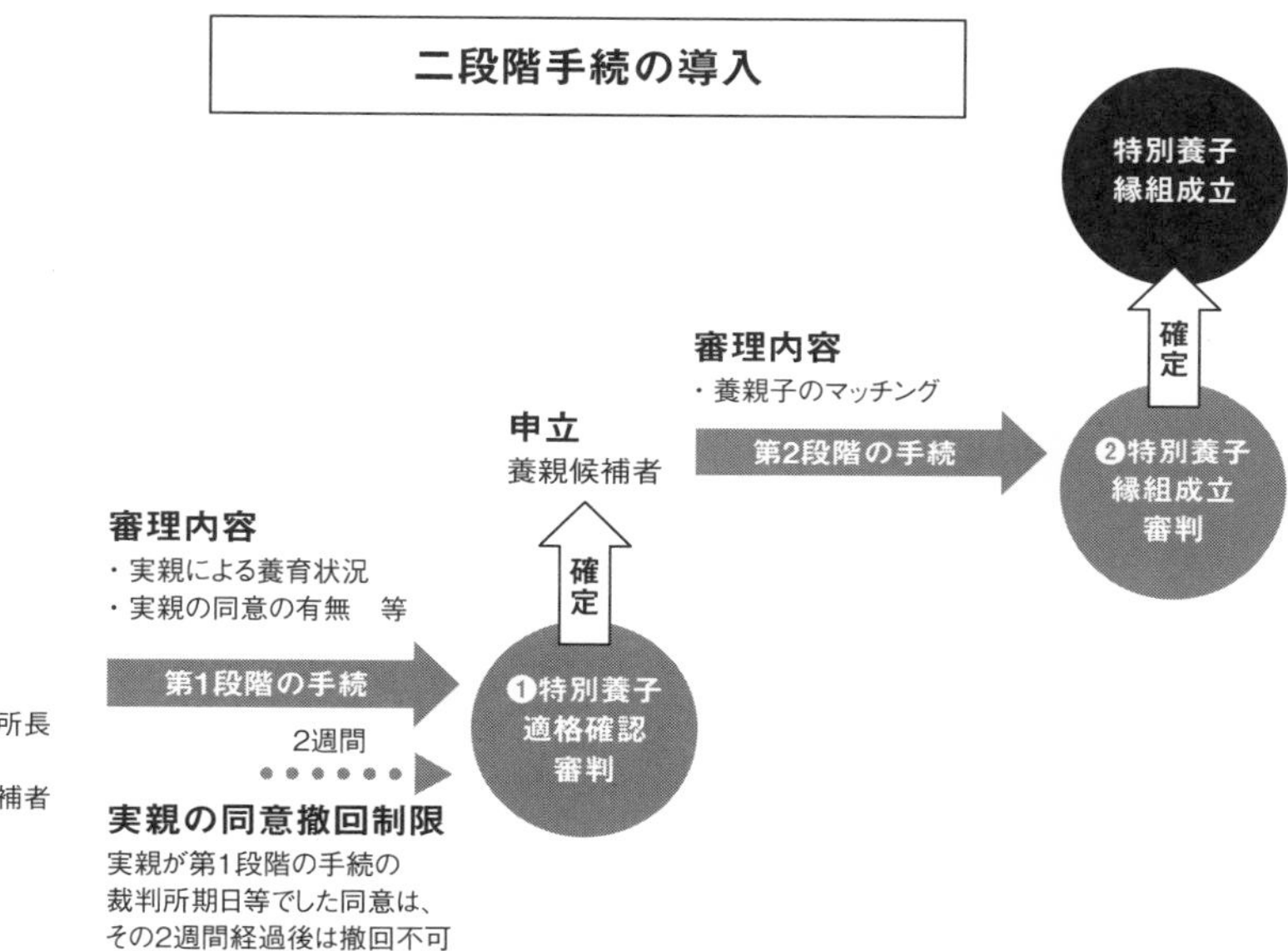

た。

改正後は、前記の通り手続を新設し2段階に分けた上で、「特別養子適格確認審判」（①）については、児童相談所長にも申立権や参加権を認めました（児童福祉法33条の6の2・3）。児童相談所長が特別養子適格確認審判申立をしたり、養父母候補者が申立てた手続に参加すれば、「ア 特別の事情要件」や、「イ 必要性要件」、「ウ 同意不要要件」などにあてはまるかについて、児童相談所が保有している実親の情報やそれに対する判断を前提に家庭裁判所が判断できるようになり、養父母候補者の負担を軽減することができるようになりました。

さらに、①の手続において、養父母候補者が関与しないことが可能になり、その後の「特別養子縁組成立審判」（②）でも、実父母に対する家庭裁判所からの通知事項を、審判日と審判の主文に限定したことから、実父母に養父母の住所などの情報が知られることを回避できるようになりました（家事事件手続法164条10項）。

実親の同意不要要件の判断

前記の改正でも、父母の同意に関する規定（民法817条の6）については、撤回制限以外は特段の変更はなかったため、実親の同意要件や同意不要要件については、改正後も以前の判例の解釈に沿って判断されることになります。

そのため、本ケースのように、実父母が不同意と言っておきながら長年にわたり養育放棄しているような場合や、実父母が長期間行方不明で同意が確認できない場合については、改正前後で裁判所の判断の枠組みにそれほど変わりはないでしょう。

同意不要要件に該当するかどうかは、裁判所の判断の傾向にも揺らぎがあるようですが、一般的には、実親の同意なく裁判所が親子関係の切断につながる特別養子縁組を認める判断をすることには、極めて消極的といわざるを得ません。しかし、公表されていない審判例の中には、実親の不同意により一度は特別養子縁組申立を取り下げたものの、再度申立をした事案で、その間実親は養親に養育を任せきりで、他方で養親と子どもの間には強固な関係性が築かれているとして、子どもの利益保護を重視して特別養子縁組成立を認めた判断をしているものもあるようです［＊2］。

そのため、実父母の同意がなくても、本ケースのように現実には全く実父母の監護養育可能性が期待できないような事案や、そもそも実父母の所在がわからず同意が確認できないような事案では、特別養子縁組申立を断念すべきとは思われません。

実父母が同意を翻意した場合

他方で、実父母が当初の同意を撤回した場合の規定については法改正がありました。

法改正前の判断では、縁組成立審判確定まで実親は同意の撤回が可能とされていました［＊3］。この点が、改正により以下の通りとされました。

> **家事事件手続法**
> **164条の2**
> 5　民法第817条の6本文の同意は、次の各号のいずれにも該当する場合には、撤回することができない。ただし、その同意をした日から2週間を経過する日までは、この限りでない。
> 一　養子となるべき者の出生の日から2箇月を経過した後にされたものであること。
> 二　次のいずれかに該当するものであることと。
> イ　家庭裁判所調査官による事実の調査を経た上で家庭裁判所に書面を提出してされたものであること。
> ロ　審問の期日においてされたものであること。

つまり、前記の通り、実親の同意要件は①の手続で確認されますが、その手続の中で行われる家庭裁判所調査官の調査後に、実親から同意書面が提出されたり、あるいはその審問期日に実親が同意をしたりした時は、その同意から2週間たつと撤回できなくなります。さらに、その同意は子どもの出生から2か月経過後になされている必要があります（**図1**）。

撤回不能となるのは、あくまで前記の限定された方式でなされた同意です。そのため、例えば児童相談所等裁判手続外でなされた同意については、たとえ書面でなされていたとしても、以前の通り審判確定まで撤回可能です。

もっとも、前記の通り、改正後は手続が①②と分けられ、親の同意の有無はもっぱら①の手続で問題となります。撤回可能なのは①の審判確定までなので、①の審判後、②の手続を行う時には、既に同意撤回はできない状態になっているということになります（**図1**）。

［＊1］ 山口敦士・倉重龍輔編著『一問一答　令和元年民法等改正――特別養子制度の見直し』商事法務、2020年、2～3頁

［＊2］ 喜友名菜織「児童福祉型の他児養育制度としての特別養子縁組の展望（2・完）民法817条の6と同条の7を巡る判断枠組み」『早稲田法学会誌』早稲田大学法学会、第68巻2号、2018年、159頁以下

［＊3］ 東京高裁決定平成2年1月30日

第4章 法律で子どもを守るための支援・制度

委託されている子どもに関する法的問題が生じた時、社会的養護の支援者として、誰に相談すればよいのでしょうか。また、子どもに、法律に関する支援者をつけたい場合、どうすればよいのでしょうか。

本章で、子ども本人または支援者が、子どもにかかわる法律上の相談をしたり、支援を受けたりするための情報について知っておきましょう。

養父との離縁手続を希望する子どものために弁護士を依頼したいです

実母が再婚した養父からの虐待を受けて施設に措置入所したH（17歳）は、入所後も支配的な養父からの過干渉に悩まされています。

養父との離縁を考えていますが、養父はそれに応じそうもありません。実母は養父の言いなりで、Hの意向に協力する様子はありません。

養父と離縁するため、Hの支援者として法律専門家をつけたいのですが、金銭的な課題もあります。

どのような方法があるのか、情報がほしいです。

法律上はHさん自身で養父との離縁手続・訴訟ができますが、法的手続を自分でするのはなかなか難しいでしょう。

相談のみなら、法テラスで実施している児童虐待の被害者を対象にした法律相談を利用することができます。代理人が必要な場合、日本弁護士連合会の「子どもに対する法律援助」制度を利用して弁護士費用の支援を受けることが可能な場合があります。

手続の当事者になることはできても法的支援が必要

そもそも、養子縁組や離縁は、15歳以上になれば、自分で行うことが可能です。Hさんは17歳なので、養父との離縁の協議が整い、双方で役所に離縁届を出すことができれば、離縁は可能となります。

しかし、養父が協議に応じない場合、離縁には、裁判離婚と同様の手続が必要です。つまり、家庭裁判所において調停を申立て、それでも話がまとまらなければ、離縁訴訟を提起することが必要となります。

Hさんは15歳以上なので、離縁調停の申立人、離縁訴訟の原告になることは、法律上は可能です。しかし実際は、大人であっても調停・訴訟手続を行うことはなかなか難しく、弁護士による代理など法的支援が必要不可欠といえます。

法テラスによるDV等被害者法律相談援助制度

全国の法テラスでは、DV・ストーカー・児童虐待の被害者に対する法律相談業務［＊1］を行っています（**表1**）。被害者支援の経験や理解のある弁護士が対応することになっているので、まずは法テラスの相談窓口に相談をしてみるという方法もあります。

日本弁護士連合会による弁護士費用支援制度

本ケースのように相談のみにとどまらず、継続的な法的代理支援が必要な場合、現実問題として、弁護士費用の問題が懸念されるでしょう。

この場合、日本弁護士連合会が法テラスに委託している、「子どもに対する法律援助」［＊2］という法律援助制度を利用できる可能性がありま

（表2）。この制度は、児童虐待や学校・施設内虐待での体罰・いじめなどの人権被害に遭い、救済を必要としているものの、親権者等が解決しようとしない子どもを対象に、代理人として活動する弁護士に、日本弁護士連合会が依頼者に代わって弁護士費用等を支払う制度です。

Hさんの場合は、養父については利害相反、実母の援助も得るのが困難という状況で、虐待者である養親との離縁手続という、子ども本人の人権救済の事案ですから、前記の日本弁護士連合会による「子どもに対する法律援助」の対象にあてはまり、援助を受けて弁護士代理人を選任できる可能性があります。

この場合、子ども自身に資産があれば別ですが、ないのが通常なので、一般的には子どもに弁護士費用の負担はかかりません（償還免除）。

子どもに対する法律援助の利用手続

この手続を利用する場合、受任予定の弁護士から窓口である法テラスに申し込む必要があります。そのため、既に知っている弁護士がいる場合、その弁護士に申し込んでもらう、そのような弁護士がいない場合は、前記法テラスＤＶ等被害者法律相談援助制度にて相談をした弁護士に受任の上申し込んでもらう、または、各都道府県の弁護士会の相談（子どものための法律相談や、子どもについての相談窓口 ➡Q44 があれば、そこからが望ましい）から弁護士につなげて、受任する段階になったら当該弁護士に申し込んでもらうことが必要となります。

18歳になると法テラスの民事法律扶助が利用できるので、この制度は行政手続代理等以外は利用できません。

［＊1］　法テラスホームページ「ＤＶ等被害者法律相談援助制度」参照
［＊2］　法テラスホームページ「子どもに対する法律援助」参照

表1　DV等被害者法律相談援助制度

【制度概要】

特定侵害行為（DV、ストーカー、児童虐待）を受けている人や、受けるおそれがある人に対し、資力にかかわらず、再被害の防止に関して必要な法律相談を行う制度。


【利用概要】

被害の防止に必要な相談であれば、刑事・民事問わず相談可能。

相談は予約制。相談には本人の出席が必要。代理人のみでの相談は不可。

以下の資産基準を超える資産を所有する人は相談料（5,500円）を負担。


【資産基準】

法律相談実施時に有する処分可能な現金・預貯金の合計額が300万円以下であること。

表2　子どもに対する法律援助

【制度概要】
●行政手続代理等
児童虐待もしくは学校または施設内虐待などによる体罰、いじめその他の事由により、人権救済を必要としている子どもについての行政機関（主に児童相談所）との交渉代理や、虐待を行う親との交渉代理、児童虐待について刑事告訴手続の代理等の弁護士費用等を援助。
●訴訟代理等
虐待する養親との離縁訴訟、扶養を求める調停や審判手続の法的代理の弁護士費用を援助。

※上記2点とも、貧困、遺棄、無関心、敵対その他の理由により、親権者及び親族からの協力が得られない場合に限られる。学校等における体罰やいじめ、虐待する養親との離縁訴訟等については、親権者等に解決の意思がある場合は民事扶助制度を利用のこと。

【表1・2出典】法テラスホームページより一部改変

日本国籍を取得し今後安心して暮らしたい子ども法律関係の支援者を確保したいです

フィリピン人の母と日本人の父（認知はしていない）から出生したI（16歳）は、生まれてからずっと日本で生活しています。今回、母の虐待により、当施設に措置入所となりました。現在Iはフィリピン国籍しか有していませんが、これからずっと在留許可の更新をする必要なく、安心して日本で生活するために、日本国籍を得たいと思っています。Iが日本国籍を得るためには、どのような方法が考えられますか？

A

国籍取得のためには、Iさんが日本人の父から認知を受けることが近道です。Iさん自ら父に認知請求手続をするのに母が協力してくれない場合、何らかの法的支援が必要でしょう。日本弁護士連合会の「子どもに対する法律援助」制度が最も利用しやすいと思われます。

国籍取得への第一歩——父への認知請求

２００９年１月に改正国籍法が施行され、出生後に日本人に認知されていれば、子どもは、父母が結婚していない場合であっても、届出によって日本の国籍を取得することができることになっています。つまり、日本人の父をもつ現状外国籍の子どもは、父からの認知を得ることにより、日本国籍を取得できます［＊１］。

この場合、父による任意認知（双方の合意による）でも国籍取得は可能ではありますが、ＤＮＡ鑑定の手続が必要な強制認知（家庭裁判所で行う合意に相当する審判または認知訴訟）による方がハードルは低いようです。

そのため、確実に認知を得て国籍を取得するためには、家庭裁判所で、父に対して認知請求の手続をとっていくことが必要です。

手続の当事者になれる子どもにも法的手続への支援は必要

まずは、父に対して、認知を求める調停を起こすことになりますが、この手続は、子どもに意思能力（「自分の行為の結果を判断できる程度の能力」といわれており、９歳程度から認められた例がある）さえあれば、子ども自身が申立人となることができます。本ケースの場合、16歳のＩさんがその能力を否定されることは、まずないでしょう。

しかし、実父の所在を探し出し、調停を申立て、話し合いがつかなければ認知訴訟を提起するという手続をＩさん本人が行うのは大変困難です。そこで、弁護士代理人の選任と、その費用が課題となります。

この場合も、Q42と同様、認知手続に法定代理人である母の協力が見込めない場合には、日本弁護士連合会の「子どもに対する法律援助」を利用して弁護士代理人を本人につけることが考えられます。
なお、親権者である母の協力が可能な場合は、母が法テラスの民事扶助制度を利用して、子どもの法定代理人として認知手続を行うことになるでしょう。

[＊１] 認知された子が国籍を取得することができる年齢は、国籍法3条1項で「20歳未満」とされていたが、2022年4月施行の成年年齢の引下げに関する改正民法により、「18歳未満」と変更された。2024年4月1日まで経過措置あり

子どもが自分の人権・権利について相談できる窓口はありますか？支援者も子どもについて相談できますか？

近い関係だからこそ、子どもが施設職員や里親に相談できないことも少なくないのではないかと感じています。自分の気持ちの問題か、法律の問題か、はっきりせず悩んでいることもあります。子どもが自分の気持ちや意見を表せる場所や機会は、できるだけ支援者も知っておき、知らせておいてあげたいと思います。子どもから直接法律家に相談できる窓口などはあるのでしょうか。また、支援者も、そうした窓口に子どもについての相談をしてよいのでしょうか。

前項で紹介した「子どもに対する法律援助」を利用するためにも、まずは児童福祉関連の問題に精通した弁護士につながることが必要です。その窓口として、各地の弁護士会で設置している子どもの人権に関する相談窓口があります。子ども本人からのみならず、多くは支援者や親からの子どもに関する内容の相談も受け付けています。

各地の弁護士会が設置する「子どもの人権に関する相談窓口」を活用

子どもが、本当は法的支援を必要とする場面であっても、実際には法的支援が必要な場面なのかそうでないのかすらわからない場合も多いでしょう。また、子ども本人から電話をかけることに抵抗がある場合や、施設関係者や里親など、周囲の人の方が、その必要性について確認したいという場合もあるでしょう。

そのような場合に利用できる手段として、各地の弁護士会で設置している「子どもの人権に関する相談窓口」があります（**図1**）。

それらの多くの窓口では、子ども自身からだけではなく、自治体や施設・里親など、実際に子どもの支援や養育に携わっている方からでも、子どもに関する相談を受け付けています。ぜひ確認してみてください。

こうした地元の弁護士会の相談窓口を活用し相談していただければ、その相談担当弁護士を通じて、必要に応じ、日本弁護士連合会「子どもに対する法律援助」も利用できます。➡Q42 Q43 そうすれば、子どもに経済的負担の心配なく、弁護士による子どものための権利擁護のサービスを受けられる可能性があります。

もっとも、関係者等からの相談の場合、その関係者等の利害と子ども自身の利害が必ずしも一致しないという場合もないわけではありません[＊1]。その場合、これらの相談窓口は、あくまで子ども自身の利益のために設けられているので、子どもの意向を直接かつ慎重に確認した上で、子どもの意向に沿った活動をすることになると思われます。

[＊1] 例えば、里親は措置継続を希望しているが、里子は拒否している場合など

図 1

日本弁護士連合会ホームページ「弁護士会の子どもの人権に関する相談窓口一覧」

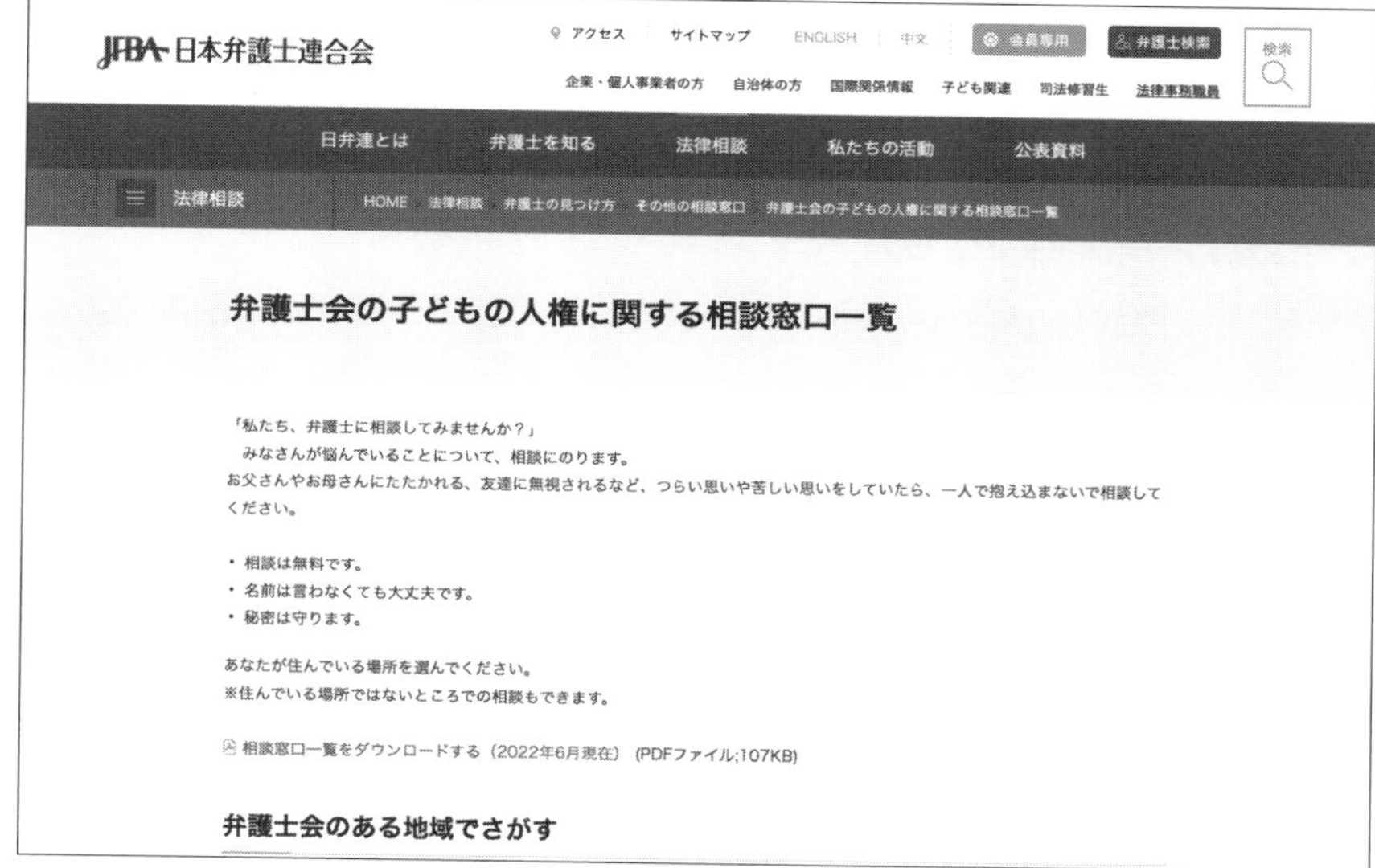

各地の弁護士会が設置している「子どもの人権に関する相談窓口」は、このページの相談窓口一覧リンクから確認可能

巻末参照

本書でよく触れている通知・判例と、それぞれの概要をリストにしました。

① 厚生労働省雇用均等・児童家庭局長通知「児童養護施設運営指針」2012年3月29日付

児童養護施設における養育・支援の内容と運営に関する指針です。

② 厚生労働省雇用均等・児童家庭局長通知「里親及びファミリーホーム養育指針」2012年3月29日付

里親及びファミリーホームにおける養育の内容と運営に関する指針です。

③ 厚生労働省雇用均等・児童家庭局総務課長通知「『児童相談所長又は施設長等による監護措置と親権者等との関係に関するガイドライン』について」2012年3月9日付／雇児総発0309第1号

児童相談所等における対応に資するように、親権者等による「不当に妨げる行為」に関する考え方を示したガイドラインです。「不当に妨げる行為」の具体的な内容も書かれていて、現場対応にもとても役立ちます。

④ 最高裁第一小法廷判決平成19年1月25日

児童養護施設の職員等の行為を国家賠償法1条1項の公務員の職務行為として、その職員個人は民事上の損害賠償責任（民法709条・不法行為責任）を負わないとし、さらにその職員の使用者たる社会福祉法人も使用者責任としての損害賠償責任（民法715条）を負わないとする内容の判例です。

［著者］

弁護士　**佐野みゆき**（野田記念法律事務所）

2003年10月 弁護士名簿登録、東京弁護士会所属。主な著書（いずれも共著）に、『改訂版 子の監護をめぐる法律実務』（新日本法規）、『新版 セクハラ・DVの法律相談』（青林書院）、『Q&A ドメスティックバイオレンス 児童・高齢者虐待対応の実務』（新日本法規）、『Q&A 離婚相談の法律実務−養育費・面会相談・子どもの問題・財産分与・慰謝料』（民事法研究会）など。

本書は、全国児童養護施設協議会刊　季刊『児童養護』2011年No.1〜2022年No.1掲載の記事に書き下ろし原稿を加えて構成したものです。本書制作にあたっては、以下の団体に取材・ご確認等ご協力をいただきました。厚く御礼申し上げます。

●全国児童養護施設協議会
●全国乳児福祉協議会
●全国里親会

本書の内容は2023年2月現在の情報に基づいています。

事例からみる
社会的養護の子どもを守る法律相談Q&A

2023年4月7日　初版第1刷

著　者　佐野みゆき
協　力　全国児童養護施設協議会
発行者　笹尾　勝
発行所　社会福祉法人 全国社会福祉協議会
〒100-8980 東京都千代田区霞が関3-3-2 新霞が関ビル
Tel. 03-3581-9511　Fax. 03-3581-4666
定　価　2,200円（本体2,000円+税10%）
編　集　編集工房まる株式会社　http://editmaru.com/
カバー・本文デザイン　キガミッツ　http://www.kiga3.jp/
印刷所　日経印刷株式会社

2023 Printed in Japan　ISBN978-4-7935-1429-6　C2036 \2000E